DARKO

DARKO

CYCLO

ALFAGUARA

El papel utilizado para la impresión de este libro ha sido fabricado a partir de madera procedente de bosques y plantaciones gestionadas con los más altos estándares ambientales, garantizando una explotación de los recursos sostenible con el medio ambiente y beneficiosa para las personas. Por este motivo, Greenpeace acredita que este libro cumple los requisitos ambientales y sociales necesarios para ser considerado un libro «amigo de los bosques». El proyecto «Libros amigos de los bosques» promueve la conservación y el uso sostenible de los bosques, en especial de los Bosques Primarios, los últimos bosques vírgenes del planeta.

Papel certificado por el Forest Stewardship Council®

FSC www.fsc.org MIXTO Papel procedente de fuentes responsables FSC® C117695

Primera edición: mayo de 2017

Printed in Spain – Impreso en España

ISBN: 978-84-204-8576-8
Depósito legal: B-6.422-2017

Compuesto por Javier Barbado

Impreso en Cayfosa (Barcelona)

AL 8 5 7 6 8

Penguin
Random House
Grupo Editorial

Tu superhéroe favorito vive dentro de ti.

Quiero dedicar este libro a mis fans, y, como siempre, agradecerles su apoyo, ya que sin ellos nada de esto sería posible.

Gracias también a mis padres, a mis hermanos Fran y Andrea y a mis amigos de toda la vida (Nico, Manu y, cómo no, a mi mejor amigo Pérez) entre otros, ya que en ellos están inspirados los personajes de esta historia.

Y gracias a Sara Cano por prestarme su increíble talento para plasmar tan bien la esencia de Darko.

ESTRIBILLO

A casi todo el mundo le da miedo la oscuridad.

A ti seguro que también.

Venga, piénsalo.

No vale que pienses en lo bien que te lo pasas robándole horas al sueño, dándolo todo hasta que sale el sol, no.

Piensa en un bosque negro o en un callejón mal iluminado, lleno de sombras siniestras.

Piensa en ese tipo de oscuridad en la que todo suena más, huele más, se siente más.

En esa oscuridad que lo tiñe todo de miedo, donde viven las pesadillas y los secretos.

En esa oscuridad en la que un crujido inofensivo te pone la piel de gallina, te acelera el corazón, te hace jadear.

No te gusta, ¿verdad?

A mí tampoco.

Pero a él sí.

Cuando todos duermen, baja la persiana de la ventana que da al patio interior de su cuarto diminuto, echa el pestillo de la puerta, se sienta en la silla que hay enfrente de su escritorio y se queda a oscuras.

Apoya los brazos sobre la mesa, cierra los puños y los ojos con fuerza, y deja que la oscuridad lo envuelva.

Solo escucha su propia respiración.

Si se concentra mucho, nota cómo le late el corazón en las sienes, en las muñecas, justo debajo de la nuez.

La casa cruje a su alrededor. Podría estar en cualquier sitio.

En un bosque negro. En un callejón mal iluminado.

En una cueva.

En la boca del lobo.

En este momento, seguramente a ti y a mí una gota de sudor frío nos recorrería la espalda desde la nuca hasta los riñones.

Se nos erizaría la piel, temblaríamos un poco.

Pero él no.

Porque sabe que la oscuridad no es más que la ausencia de luz.

Piénsalo.

Seguro que a la luz del día disfrutarías de un paseo por ese bosque que de noche te da escalofríos. Hasta sacarías un par de fotos con el móvil. Las subirías a alguna red social.

Seguro que ese callejón que de noche te pone los pelos de punta, de día es una calle con flores en los balcones en la que juegan niños y ladran perros.

En el fondo, la oscuridad nos da miedo porque nos deja a solas con nuestra mente.

Y nuestra mente rellena los vacíos de lo que los ojos no pueden ver.

Con monstruos.

Pero la suya, no. La suya llena los vacíos de palabras.

Porque a su mente no le hace falta crear monstruos.

Están siempre ahí, también a la luz del día.

Destrozan el bosque, le obligan a dar un rodeo para evitar el callejón, sea la hora que sea.

Solo desaparecen cuando cierra los ojos, a oscuras, en silencio.

Y llegan las palabras como puños para destrozarlos.

A oscuras, barre la superficie del escritorio con la mano y encuentra un papel y un bolígrafo.

No le hace falta abrir los ojos para que las palabras broten de la tinta y se claven como dardos en el papel.

Y así todas las noches, escribe a ciegas en un cuaderno conjuros para acabar con los monstruos.

Y, por las mañanas, los convierte en una bola y los entierra en el cajón de su escritorio.

Porque sabe que los monstruos que viven en la luz no se matan con palabras.

Y cuando sale el sol y a casi todo el mundo se le pasa el miedo, él empieza a temblar.

PRIMERA ESTROFA

1.

El despertador suena a las cuatro menos cuarto de la mañana y Joseph se quiere morir. Da igual los años que lleve despertándose a esta hora criminal, el cuerpo no se le acostumbra.

Sabe que no debería trasnochar tanto, pero no puede evitarlo. De día se siente como si le hubieran inyectado una anestesia demasiado potente en el cerebro.

Pero de noche...

De noche le hierve la cabeza, y es incapaz de dormir.

Se restriega los ojos, que le escuecen, y se frota el cuello sin dar la luz. Ha vuelto a quedarse dormido encima de la mesa y tiene el cuerpo hecho un nudo.

Se levanta a tientas de la silla y deshace la cama para que sus padres no sospechen. Está revolviendo las sábanas cuando alguien le da un empujón a la puerta.

—¿Joseph? —pregunta su madre desde el otro lado.

El pestillo está echado y la puerta repiquetea cuando ella insiste.

—Joseph, ¿estás despierto? —repite, preocupada.

—Sí, mamá, ya voy —dice él, descorriendo el pestillo.

—¿Por qué te encierras? —le pregunta su madre, suspicaz—. ¿Has vuelto a quedarte despierto hasta las tantas?

—No —niega él, pero los círculos negros que le rodean los ojos le delatan.

—No te has cambiado —dice su madre, mirándole de arriba abajo.

Es verdad: lleva la misma camiseta con las mangas recortadas por el hombro, la misma sudadera con capucha, los mismos vaqueros con los que vino ayer del instituto.

Sabe que su madre no le cree, pero lo intenta igual.

—Sí, me he puesto la misma ropa —dice en voz baja—. Total, me voy a poner perdido de harina. Luego en la panadería me ducho y me cambio.

Su madre aprieta los labios con fuerza y su mirada recorre el cuarto, tan estrecho que parece un ataúd: la cama deshecha (pero no lo suficiente), las paredes, empapeladas hasta el último centímetro de pósteres de anime, películas y escenas de videojuegos, el saco de boxeo decorado con una calavera que cuelga del techo, el monitor del ordenador, conectado a la videoconsola y, sobre el escritorio, tres folios a reventar de palabras escritas con bolígrafo. Su madre baja la vista hacia las manos de su hijo y descubre en ellas restos de tinta azul, como tatuajes borrosos, que le manchan las manos.

La misma tinta azul con la que Joseph graba a fuego sus papeles en todas sus noches de insomnio.

Él se da cuenta y se estira las mangas de la sudadera hasta cubrirse los nudillos.

El silencio que se hace entre madre e hijo pesa como el plomo.

Joseph odia tener que levantarse de madrugada un día sí y un día no para trabajar con sus padres en la panadería, pero nunca se queja, porque sabe que ellos odian tanto o más que él tener que pedirle que los ayude. Pero, desde que cerró la Fábrica donde su padre era operario, la panadería es la única fuente de ingresos de la familia. No descansan nunca, pero no pueden quejarse: las panaderías de muchos de los distritos de la Ciudad han tenido que echar el cierre porque no podían seguir pagando a los ayudantes. Eso significa más clientes, pero también significa más trabajo. Los padres de Joseph tampoco pueden seguir pagando a los ayudantes con los que su madre llevaba antes la panadería, pero tienen dos hijos. Y, aunque todas las mañanas siente el sonido del despertador como una puñalada, Joseph es consciente de que en el fondo tiene suerte.

—Hijo, si no te encuentras bien, puedo pedirle a Andrew que venga… —su madre titubea—. Y luego tú puedes hacerle dos turnos seguidos…

Andrew es el hermano de Joseph, y Joseph está seguro de que en ese momento no está mucho más despierto que él. Mientras Joseph llena una página detrás de otra, vomitando letras y versos, Andrew pasa las noches devorándolas, leyendo cómics que le transportan muy lejos de allí, a un lugar en donde dos chavales de instituto no tienen que turnarse los siete días de la semana para ayudar a sus padres a que la familia pueda seguir comiendo.

Estos días, los hermanos no tienen muy buena relación. Y lo último que quiere Joseph es tener que deberle un favor a Andrew. Así que se pone la gorra, se echa la capucha de la sudadera y, mirando a su madre, niega con la cabeza.

—No te preocupes, mamá —dice, empujándola con suavidad fuera del cuarto y cogiendo ropa limpia de una montaña de prendas que hay a los pies de la cama—. Me encuentro perfectamente.

Su madre se dirige a la cocina. A mitad de pasillo, Joseph se separa de ella para entrar en el baño. Abre el grifo, ahueca las manos y las llena de un agua helada que después se salpica en la cara.

Un minuto después, se sienta con sus padres en la mesa de la cocina. Los tres esperan en silencio a que se haga el café. Cuando la cafetera empieza a humear, el padre de Joseph se levanta, llena tres tazas con el líquido oscuro y los tres se quedan sentados en silencio, con los ojos clavados en la bebida, como si del fondo de esos pozos negros pudieran pescar al ladrón que les ha robado el sueño.

2.

En la Ciudad casi nunca hace mucho frío.

El mar está muy cerca: si la habitación de Joseph no diera a un patio interior, escucharía el ruido de las olas desde la ventana. Y, aunque en invierno el agua está demasiado fría como para bañarse, siempre hace una temperatura muy agradable para pasear por la playa.

La playa es lo único bonito que tiene la Ciudad.

Es una franja de arena blanca de varios kilómetros a la que se llega después de atravesar un pequeño desierto de rocas de formas imposibles.

A Joseph le encanta la playa. A su hermano, en cambio, le gusta más el desierto. Joseph cree que es porque Andrew se siente como si estuviera en uno de esos paisajes extraterrestres que salen en sus cómics.

Sin embargo, lo que realmente parece sacado de un mundo de fantasía es el resto de la Ciudad. Aunque es bastante grande, en realidad no puede considerarse una ciudad. Es más bien una cuadrícula de edificios, de prismas idénticos de veinte plantas, fabricados en hormigón y ladrillo, que se construyeron a toda prisa alrededor de la Fábrica para que las familias de los trabajadores tuvieran un lugar donde vivir.

A Joseph la Fábrica siempre le ha parecido una especie de dragón dormido, con sus chimeneas, puntiagudas como púas, y su revestimiento metálico de escamas. En cambio, los edificios de viviendas le sugieren un bosque muerto, como si el dragón hubiera vomitado ceniza y lava sobre ellos, convirtiéndolos en una selva de cemento gris.

El dragón hace ya un par de años que no vomita cenizas, y el bosque de edificios parece ahora más muerto que nunca.

Cuando la Fábrica cerró, muchos de los trabajadores abandonaron la Ciudad. Los que no tuvieron más remedio que quedarse, como Joseph y su familia, tienen la sensación de vivir en una especie de ciu-

BAKERY
DAIRY

dad fantasma. Como si la misma enfermedad que en su momento devoró al dragón hubiera infectado también todo lo demás.

En cada una de las manzanas de ese bosque de edificios muertos siempre hay un claro de edificios más bajos, una pequeña plaza con un mercado, un colegio para cada distrito y algunas tiendas. Es ahí donde sus padres tienen la panadería.

En la Ciudad casi nunca hace mucho frío, pero, en cambio, en los meses de verano hace un calor intenso y pegajoso, tan insoportable que Joseph siente a veces que el aire que respira está más fresco cuando lo expulsa que cuando entra en sus pulmones. El mismo calor que hace dentro de la panadería todos los días, todos los meses del año, cuando los hornos están encendidos, preparados para recibir las hogazas de pan. A veces, Joseph tiene la sensación de que el dragón de la Fábrica no está muerto, sino que se ha hecho más pequeño y vive escondido en los hornos de la panadería de sus padres.

Joseph intenta combatir el calor y el sueño pensando en la playa, en la brisa fresca que corre entre las dunas, imagina que los sacos que lo rodean son de arena en vez de harina. Con los ojos cerrados, perdido en su fantasía, mezcla las diferentes composiciones de cereal con agua, levadura y sal en la amasadora industrial. Las varillas dan vueltas y vueltas a los ingredientes hasta que se forma una pasta que parece chicle. Saca la masa del recipiente con ayuda de su padre y la moldea con forma de panecillos, de barras, de hogazas, de roscas de mil maneras diferentes y las dispone en bandejas que luego mete en los hornos. Ofrendas al dragón.

Cuando termina de preparar el pan, Joseph pasa al taller contiguo, donde su madre tiene las manos hundidas en masas mucho más dulces: cruasanes, hojaldres, palmeras y pastas que impregnan el calor de un aroma dulzón y grasiento.

Para cuando empieza a salir el sol, la primera remesa humeante sale de los fogones. Joseph se quema las manos mientras coloca el pan caliente en las estanterías de la tienda, y luego vuelve dentro para repetir el mismo proceso otra vez y dejar una nueva hornada lista antes de terminar su turno.

—Vamos, Joseph, dúchate. Frank debe de estar a punto de llegar —le dice su madre.

Joseph deja lo que está haciendo y va al baño. Frente al espejo, se mira las manos, pegajosas de azúcar, mantequilla y miel. Se mira la ropa, empolvada de harina y empapada de sudor. Se desviste y deja que el chorro de agua le refresque la piel, que siente como carbonizada en torno a los huesos de tanto calor.

Se viste con unos vaqueros, una camiseta y una sudadera limpias, se pone la gorra, se cala la capucha y sale al mostrador, donde su padre ya empieza a despachar a los primeros clientes.

Son las siete y media de la mañana. Frank le espera, con unos enormes auriculares que asoman bajo la capucha de la sudadera y moviendo la cabeza al ritmo de la música que está escuchando.

—Vaya careto, colega —le dice, al ver las ojeras de Joseph.

—Es que hoy tampoco ha dormido nada —le recrimina su madre, tendiéndole una bolsa de papel con cruasanes recién hechos—. Toma, para que empecéis bien el día.

—Gracias, mamá —dice Joseph—. Oye, hoy igual no llego a cenar. Quiero pasar un rato por el gimnasio.

—Pero no llegues muy tarde, Joseph, por favor. Necesitas dormir un poco —su madre le mira preocupada.

Joseph no contesta.

Les da un beso en la mejilla a sus padres y sale con Frank de la panadería. Cuando ya se han alejado unos metros, le pasa a su amigo la bolsa de papel, como si en vez de cruasanes dentro hubiera una bomba.

—¿No quieres? —le pregunta su amigo, relamiéndose—. Tío, si están cojonudos.

—Es que no tengo hambre —se excusa, encogiéndose de hombros.

Le da demasiada vergüenza admitir que el olor de todo lo que sale del fuego del dragón le provoca unas náuseas insoportables.

3.

Frank habla por los codos.

A veces, Joseph tiene la sensación de que su amigo es un volcán. Las palabras se le van acumulando en el pecho por la noche, como si fueran lava, hasta que le queman demasiado en la garganta y no tiene más remedio que vomitarlas.

A Joseph no le importa. A él le pasa justo lo contrario. Sus palabras son como una bandada de murciélagos que duermen de día y revolotean en furiosos círculos por la noche, buscando la salida de la cueva.

Se compenetran bien: Frank habla, Joseph calla; Frank cuenta, Joseph escucha.

Solo que hoy Joseph no escucha.

—Y, entonces, el animatrónico coge la sierra eléctrica y descuartiza a tu madre —dice Frank.

—¿Qué? —pregunta Joseph, como si acabara de volver de otra dimensión.

—Tío, te acabo de chafar el final del juego y ni te inmutas —le dice Frank—. Estás en la puta parra. ¿Qué te pasa?

No dice nada.

No es que no quiera hablar con él. Sabe que Frank le escucharía, aunque su especialidad sea llenar el silencio con su géiser de palabras volcánicas.

Simplemente, él tampoco sabe qué le pasa.

—Perdona, tío. Los días que me toca en la panadería no soy persona —contesta.

Frank sabe que hay algo que Joseph no le cuenta, pero no insiste. A él no se le da bien preguntar, y a Joseph no se le da demasiado bien explicarse.

No de viva voz, por lo menos.

Frank lo intenta de otra manera.

—¿Has visto la última actualización de Lyzard? —le pregunta—. Anoche subió una canción nueva, y es buenísima. Joder, yo creo que es la mejor que tiene. La base es superpegadiza, y la letra te explota la cabeza. El tío es una máquina: dice verdades como puños, y le resbala completamente lo que digan de él. ¿Tú sabías que también era de la Ciudad? Debería sintetizarte una base molona para que grabes alguna de tus canciones...

—¿Lyzard era de aquí? —pregunta Joseph.

—Sí, tío —asiente su amigo—. Del Distrito 13. En las canciones antiguas hablaba mucho de la Ciudad, pero parece que tuvo alguna movida hace años que le obligó a borrar su primer canal y se perdieron. Pero ya sabes que yo soy un hacha buceando en las oscuras aguas de la red, y he conseguido localizar unos vídeos originales que...

El volcán Frank vuelve a hacer erupción. Sin embargo, su voz va convirtiéndose en un zumbido que retumba en los oídos de Joseph a medida que su cerebro lo ocupa un único pensamiento.

Cuando de noche, en su cuarto, las palabras revolotean como locas en su estómago y chillan para que él las deje salir al exterior, Joseph se pone los cascos, escucha las rimas de Lyzard y siente como si ese rapero al que no conoce hubiera estado buceando en su mente. Sus letras hablan de atreverse a romper la monotonía de los días idénticos, de no tener miedo a ser distinto, de aprender a ver más allá de las paredes de cemento y ladrillo, de luchar por lo que uno quiere.

De encontrar tu propia voz.

Lyzard vive lo que Joseph ni siquiera se atreve a soñar por miedo a que se convierta en humo.

Pero si Lyzard es de la Ciudad, si ha conseguido tener voz y hacer que esa voz inspire a otra gente, ¿por qué no va a poder conseguirlo él?

Mira a su alrededor y la respuesta a su pregunta le llega como una bofetada de realidad.

La Ciudad en la que vivió Lyzard no tiene nada que ver con la que Joseph conoce.

Hace no tantos años, cuando la Fábrica todavía funcionaba, Joseph quedaba en la panadería con Frank antes de clase, como ahora. Solo que en aquel entonces su familia no estaba preocupada por cada céntimo que gastaba y Joseph no tenía que trabajar durante horas antes de ir al instituto. Después de atiborrarse de bollos, Frank y Joseph iban un rato al parque que había frente al colegio, y hacían tiempo hasta que las clases empezaban.

Ahora, el parque es un terregal habitado por esqueletos de columpios, y Joseph y Frank ya no pasan tiempo allí.

Ahora, recorren las veinte manzanas que los separan de la plaza del Distrito 24.

A medida que se alejan de la plaza, la panadería y el parque, es como si la ciudad se desmoronara a su alrededor. Cuando la Fábrica cerró y los obreros empezaron a llevarse a sus familias, el ayuntamiento decidió cerrar colegios e institutos y dejar abierto uno para cada cuatro distritos. No fue lo único que desapareció con la Fábrica: también los bordes exteriores de la cuadrícula fueron desdibujándose poco a poco. Como infectados por una plaga de termitas, los edificios quedaron vacíos en cuestión de años y perdieron vida al mismo tiempo que perdían habitantes.

Ahora, entre un distrito y otro lo único que hay es un cementerio de edificios en ruinas sobre los que se proyecta la sombra de la Fábrica, esa sombra que hace que las calles resulten siniestras incluso a la luz del día.

Joseph y Frank recorren las calles con paso veloz, casi sin hablar. Ninguno de los dos lo admite, pero quieren dejar atrás esa zona cuanto antes. No hace mucho que a Frank le asaltaron unos matones al doblar una esquina para robarle el móvil y la cartera, un día que Joseph salió un poco más tarde del turno de la panadería. Han pasado varias semanas, pero Frank aún tiene el susto en el cuerpo.

En las afueras vive muy poca gente: los pocos que creyeron que otra industria ocuparía la Fábrica y que los edificios volverían a llenarse, los pocos que se negaron a abandonar sus hogares, los pocos que no pudieron trasladarse a un sitio más céntrico.

En uno de estos edificios vivía la familia de Joseph.

En uno de estos edificios vivía la familia de Frank.

Y en uno de estos edificios vive la familia de Anne.

—Vaya mierda, colega, el telefonillo sigue sin funcionar. Para mí que a este edificio le han cortado la luz —se queja Frank cuando llegan al portal.

—Pues nos va a tocar subir andando —dice Joseph, empujando la puerta con el hombro para abrirla.

—Espera un momento, que traigo una sorpresa —le dice Frank, rebuscándose algo en el bolsillo.

A Joseph se le abre la boca sin querer al ver que Frank tiene un móvil en las manos.

—Cierra la boca, tío, que te va a entrar una mosca, o algo —le dice Frank entre risas al ver la expresión de asombro de su amigo—. Ni que fuera la primera vez que ves un teléfono en tu vida.

Por supuesto que Joseph ha visto un móvil antes, pero nunca ha visto a nadie que se atreva a enseñarlo en uno de los callejones desiertos y oscuros del bosque de edificios muertos, en donde la inseguridad casi se puede cortar con un cuchillo. De hecho, no se puede creer que su amigo lo lleve encima, con el recuerdo del atraco aún fresco en la memoria.

Joseph no sabe a qué viene el arranque de valor de Frank, ni tampoco sabe muy bien cómo preguntárselo.

—Venga, tío, ya sé que es un cacharro feísimo —le dice, señalando el teléfono, que parece un aparato muy extraño, como montado con piezas de otros equipos—. He tardado un huevo, pero lo he construido yo mismo, siguiendo unos tutoriales por Internet, pero es que mis padres no pueden comprarme otro… Bueno, y qué coño, que quería fardar contigo un poco —dice con una sonrisa, tendiéndole el móvil a Joseph.

—Estás hecho un máquina, tío —le dice con una sonrisa, clavándole un codo cariñosamente en las costillas.

—Sí, sí, tú ríete, pero mi coquito de oro nos va a ahorrar subirnos quince pisos a pata —dice Frank, toqueteando la pantalla para buscar un número—, porque si el telefonillo de tu novia no funciona, me imagino que el ascensor tampoco.

—Anne no es mi novia —dice Joseph, serio. Y, cuando Frank frunce el ceño al llevarse el teléfono al oído, añade—: Y lamento decirte que tu cacharro no funciona, tío.

—¡Que sí funciona, joder! —protesta—. ¡Que va de puta madre! ¡Es tu novia, colega, que no contesta al teléfono.

—Que no es mi novia —recalca Joseph—. Mira, si no quieres subir, no pasa nada, entiendo que es una paliza. Espérame aquí, si quieres.

Joseph ya tiene un pie dentro del cascarón de hormigón vacío cuando nota una presencia a su espalda.

—Ni de coña me quedo aquí solo —responde Frank a toda prisa, cerrando la puerta a sus espaldas, dejando atrás la soledad, la inseguridad de las calles de la Ciudad.

Mientras suben las escaleras infinitas que llevan a casa de Anne, Joseph piensa que la familia de Lyzard seguramente también vivía en uno de estos edificios.

Lyzard, que se fue de la Ciudad cuando la Ciudad todavía era la Fábrica.

Cuando la Ciudad era un lugar donde uno podía permitirse soñar.

4.

Si Frank es un volcán, Anne es una playa.

Luminosa y tranquila, fresca y reconfortante.

Un lugar donde refugiarse.

Joseph conoce a Anne desde que eran pequeños, de cuando su familia vivía también en ese edificio ahora casi abandonado. Joseph se siente más unido a ella que a su propio hermano. Más incluso que a Frank.

Frank es su mejor amigo, pero con él hay cosas de las que le resulta difícil hablar. No es que con Anne no sea difícil: es que con ella no le hace falta explicarse. Es como si pudiera ver en su interior, leerle la mente con solo mirarle a los ojos.

Como esta mañana. Cuando asoman por el hueco de las escaleras del piso 15, Anne les espera apoyada en el marco de la puerta, con la cabeza ladeada. Sin decir una sola palabra, Joseph comprende la pregunta que ella le hace en silencio: «¿Qué te pasa?».

Es en estos momentos cuando Joseph agradece ir acompañado con Frank, al que el silencio le pica como una pulga.

—Uf, uf, uf —jadea su amigo, con la mano en el corazón como si se le fuera a parar en cualquier momento—. Anne, colega, te llevo llamando al móvil quince pisos. ¿Lo tienes de adorno, o algo?

Al escuchar la reprimenda de Frank, Anne desaparece dentro de la casa y vuelve con el teléfono en la mano.

—¡Perdona, Frank! ¡Tengo quince llamadas perdidas tuyas!

—¡Ves como sí que funcionaba! —le reprocha Frank a Joseph, a quien se le dibuja una media sonrisa en los labios. Limpiándose el sudor de la frente con el dorso de la mano, le dice otra vez a Anne—: De todas maneras, tía, ya podías esperarnos abajo. Que todos los días pasamos a la misma hora.

Anne mira al suelo, avergonzada.

—Estaba saliendo, te lo juro, perdona —se disculpa—. Además pensaba que no llevabais el teléfono encima…

—Pues ya ves que sí —insiste Frank.

—Perdón… —se disculpa Anne—. La luz lleva cortada desde anoche. Los de la compañía eléctrica dijeron que vendrían esta mañana a primera hora pero… Bueno, como aquí ya no vive casi nadie, estas reparaciones salen muy caras y…

Y no vienen porque les da miedo pasar por aquí.

Igual que a ellos les da miedo llevar encima algo de valor, a pesar del arranque de valentía de Frank.

Igual que a Anne le da miedo esperarles sola en la calle.

Joseph no lo dice en voz alta, pero siente como si sus pensamientos rebotaran en el silencio que sigue a las palabras de su amiga.

Frank se da cuenta, y lo rellena rápidamente.

—Bah, no me hagas ni caso —dice, sosteniendo la mochila de Anne mientras ella se pone la sudadera—. Además, subiendo las escaleras de tu casa nos ahorramos el gimnasio —se ríe—. Bueno, aunque este no dejaría de ir al suyo ni aunque vivieras en el piso treinta. No sé qué coño le da ese tal M, pero aquí tu amigo no se pierde ni un entrenamiento. Dice que esa cara de muerto es de los madrugones, pero yo creo que se pasa las noches dejándose los nudillos en el saco.

—Sí, tío, la verdad es que pareces una calavera —le dice Anne, con una sonrisa cómplice, mientras le da a Joseph un golpecito en la visera de la gorra.

A Frank, no sabe por qué, ese tipo de cosas le hacen sentir incómodo. No es que tenga celos de Anne y Joseph, ni nada por el estilo. Pero, cuando se ponen así, se siente fuera de lugar, un intruso en medio de ese lenguaje privado con el que sus dos amigos se comunican.

Eso no le gusta, así que rompe la magia a empujones, como hace siempre:

—¡Venga, daos prisa! Mucho gimnasio y todo lo que tú quieras, pero al final hemos tardado más por su culpa que por la mía —se burla Frank.

Después, le quita la gorra a Joseph y echa a correr escaleras abajo.

—¡Frank, joder, devuélvemela! —Joseph grita, pero en realidad no está enfadado.

—¡Si la quieres, ven a buscarla, caracol! —la voz de su amigo se escucha un par de pisos por debajo.

Cuando están solos, Anne se echa la mochila al hombro y se acerca a Joseph.

Le levanta el mentón con suavidad y le obliga a mirarla a los ojos.

—No has dormido nada.

No es una pregunta.

—Hoy me tocaba ayudar a mis padres.

—Ya, pero no es por eso.

—No.

Joseph sabe que no tiene sentido mentirle.

—¿Me quieres enseñar lo que has escrito? —le pide Anne.

Joseph se descuelga la mochila del hombro, entierra la mano dentro y busca un montón de hojas arrugadas, llenas de manchas azules.

—Iba a tirarlo, pero mi madre las ha visto encima de la mesa antes de ir a la panadería, y no quería que las leyera.

—¿Por qué no, Joseph? A mí me gustan. Siempre. Son muy buenas.

—Bueno, da igual que sean buenas o no. No van a llevarme a ningún sitio… Ni siquiera me atrevo a enseñarlas.

—Me las enseñas a mí.

—Eres la única. A nadie más. No sé ni para qué las escribo. Nunca me voy a atrever a cantarlas.

Joseph se queda callado e intenta evitar la mirada de Anne, que tampoco sabe cómo deshacer el silencio que los envuelve.

Menos mal que Frank sí.

—¡Oye! ¿Bajáis o qué? —el eco de sus palabras llena el descansillo de la escalera—. ¡Que vamos tardísimo! ¡Y todavía tenemos que pasar el control!

—¡Joder, es verdad! —murmura Joseph—. ¡Ya vamos! —grita. Luego, le dice a Anne—: Léelas, si quieres. Pero después las tiras. Yo no las quiero. Esta noche seguramente me la volveré a pasar en blanco, y tendré más.

Anne guarda con cuidado las hojas en la mochila y sigue a Joseph escaleras abajo, en silencio.

Un silencio que entre ellos, por primera vez, resulta incómodo.

5.

El trayecto al instituto desde casa de Anne es siempre igual.

Los tres caminan a buen ritmo, dejando atrás la zona de edificios semiabandonados que separa el Distrito 21 del Distrito 24 mientras Frank cuenta chistes y hace bromas sin parar, y Joseph y Anne ríen. Intentan parecer despreocupados pero, en realidad, se sienten tensos.

Aunque ya es completamente de día, la sombra de la Fábrica lo tiñe todo de gris. Es como si la ciudad estuviera cubierta por una cúpula de ceniza y los rayos del sol nunca pudieran traspasarla del todo. Anne, Joseph y Frank caminan deprisa, alerta, miran de reojo en cada esquina y vuelven de vez en cuando la vista atrás para comprobar si ese crujido que escuchan a sus espaldas es una bolsa que se arrastra por el suelo o alguien que les sigue. En un cruce encuentran un coche abandonado, en otro encuentran un mendigo, de la alcantarilla del tercero salen gatos gordos o tuertos, reyes y señores de las calles desiertas. Y, a lo lejos, emergiendo de las zonas más oscuras, se escuchan las risas de los miembros de las bandas.

Ese es el sonido que de verdad les pone los pelos de punta.

Ninguno de los tres quiere admitirlo, pero sus pulsaciones se relajan un poco a medida que se acercan al centro del distrito y las calles empiezan a llenarse de gente. Un grupo de estudiantes que van a su mismo instituto, gente en coche que seguramente va a trabajar fuera de la Ciudad, padres que acompañan a sus hijos al colegio con actitud vigilante, mirando atentos a todos lados…

Respiran un poco más tranquilos.

Pero la paz solo les dura hasta que frente a ellos se dibujan los contornos afilados del instituto. Una réplica en miniatura de la Fábrica. Una cría viva y furiosa del dragón.

—Os lo he dicho —se queja Frank cuando están a menos de cien metros—. La cola del control es infinita. ¡Ya os podíais haber dado más prisa!

—Venga, deja de llorar y ponte en la fila, que a este paso no entramos —Joseph le empuja cariñosamente con el hombro.

—Oye, ¿ese que está ahí delante no es tu hermano? —le pregunta Frank a Joseph, señalando un punto unos cuantos metros por delante de ellos—. Igual le podíamos pedir que nos deje pasar con él.

—Pues pídeselo tú —le dice Joseph—, porque conmigo está en un plan, últimamente…

Frank no se lo piensa dos veces y empieza a bordear la fila del control hasta llegar al lugar donde se encuentra Andrew.

El control es otro de los hijos de la desaparición de la Fábrica. Desde que cerró, desde que la Ciudad se quedó medio desierta, la inseguridad no es lo único que cabalga libre por el bosque de edificios muertos.

También lo hacen las drogas.

Las bandas parecen tener un suministro infinito de ellas, y el instituto es una cantera perfecta donde encontrar fieles consumidores y futuros integrantes de sus pandillas de matones y traficantes.

Porque las drogas son lo único que sigue generando dinero en la Ciudad.

Las bandas lo saben.

Y los alumnos del instituto, los herederos del futuro que la Ciudad no puede ofrecerles, también. Aunque sea un futuro efímero, traicionero, prefieren consumirse rápidamente y disfrutar del subidón antes que pudrirse lentamente mientras la Ciudad se desmorona a su alrededor.

En los últimos años, más que en un centro educativo, el instituto se ha convertido en una peligrosa jungla. El edificio nunca fue habilitado para acoger a los alumnos de los Distritos 21, 22 y 23, y ahora cuenta con casi mil alumnos. Desbordados, los profesores decidieron delegar su autoridad en la Compañía, una especie de ave carroñera que sobrevuela la Ciudad desde que el dragón enfermó de muerte y espera a que la Ciudad dé su último estertor para lanzarse en picado sobre sus restos. Uno de los muchos tentáculos de la Compañía es una empresa de seguridad, que todos los días somete a los estudiantes a un registro para comprobar si llevan encima algún tipo de sustancia para vender o para consumir. Aunque solo hay que echar un vistazo a la fila para darse cuenta de que el control es solo una farsa más: la cola es una sucesión de miradas perdidas, pómulos marcados, chavales, casi niños, que se mueven como si estuvieran enchufados a una corriente eléctrica, alterados por el cóctel que viaja por sus venas, por su nariz, por sus pulmones.

Joseph siente que los párpados se le cierran mientras hace cola junto a Anne.

A medida que la cola avanza y el edificio crece, se imagina a sí mismo como una de las hogazas de la panadería a punto de ser devorada por el fuego del horno.

Cuando ya casi nota el calor de las llamas lamiéndole la piel, una voz conocida le trae de vuelta a la realidad.

—Bueno, bueno, bueno. Pero mira qué joyita se ha traído este pringado hoy al cole. ¿Me lo prestas?

Más que una voz es un siseo de serpiente.

La voz de Viper.

El hermano pequeño de Sego, el matón más peligroso de la Ciudad, y su mejor embajador en los dominios del instituto.

Joseph y Anne están casi al final de la cola y no alcanzan a ver bien lo que pasa más adelante.

Pero sí reconocen perfectamente la voz que responde a la pregunta de Viper.

—¡Ni de coña! —a lo lejos, Joseph ve como su mejor amigo intenta proteger tras la espalda el teléfono que tanto le ha costado fabricar, pero uno de los matones de Viper se acerca a él por detrás y se lo arranca de las manos—. ¡No, joder! ¡No me lo quites! —grita su amigo con una nota de desesperación en la voz—. En serio, es un cacharro. Lo he montado yo con un móvil viejo de mi padre…

Joseph y Anne salen de la fila sin pensárselo, pero muy poca gente los imita, anestesiada por las drogas, o tal vez demasiado asustada para actuar.

Aunque aún están lejos, ven perfectamente cómo los matones de Viper rodean a Frank y empiezan a empujarlo de unos a otros como si fuera una pelota de playa.

—No, por favor —pide Frank con voz lastimera—. No me lo quitéis. Os puedo hacer uno igual, os lo juro, pero es el único que tengo, lo único que puedo permitirme. Los vuestros son mucho mejores, este no vale nada...

Viper ríe y su voz rezuma veneno cuando contesta:

—Bueno, pues si no vale nada, entonces supongo que no te importará que...

Crac.

Joseph no está lo suficientemente cerca para verlo, pero ese crujido solo ha podido ser el móvil de Frank reventando debajo de la bota de Viper.

—¡No, joder! —grita Frank, tirándose al suelo a recoger los restos.

Al verlo así, hecho un ovillo en el suelo sobre el móvil roto, Viper se siente poderoso.

Podría aplastarlo a él con la suela de su bota igual que ha hecho con el teléfono.

Como si fuera una cucaracha.

Viper quiere más, no ha tenido suficiente.

Necesita demostrar quién manda en el instituto, quién manda en la Ciudad.

—Vaya, vaya, pobrecito friki —dice con su voz corrosiva—. Seguro que te habría dolido menos si te hubiera roto la nariz, ¿verdad? ¿Quieres que lo comprobemos?

Joseph siente que algo se desata dentro de él al escuchar que Viper amenaza a su mejor amigo y, sin darse cuenta de lo que está haciendo, echa a correr.

—¡Eh! ¡Eh, valiente! ¿Adónde crees que vas? —le dice Andrew, que contempla la escena muy de cerca sin atreverse a reaccionar cuando ve a su hermano pasar como una flecha a su lado.

—No... —susurra Anne.

Pero no les escucha.

Joseph avanza hacia el comienzo de la fila, hacia donde Viper y sus matones rodean con los puños en alto a Frank, que ya no protege el móvil, sino que tiembla de miedo mientras intenta aguantar las ganas de llorar, tratando de no caer aún más bajo delante de toda esa gente anestesiada que observa sin hacer ni decir nada.

Joseph siente que los murciélagos se han despertado, que dan vueltas y vueltas en su estómago, desorientados, hasta que uno encuentra el camino hasta su garganta.

—Viper, déjale en paz —dice, con la voz ronca y la boca seca.

Y, entonces, el murciélago vuelve aleteando al interior de la cueva, asustado por la luz del día, y Joseph se queda sin palabras, paralizado.

Ojalá fuera de noche.

Ojalá estuviera arropado por la oscuridad de su habitación, con un bolígrafo en la mano.

Pero es de día, y Joseph se siente repentinamente desarmado.

Viper se da cuenta y asoma la punta de la lengua entre los labios. Chasquea los dedos y los gorilas que lo respaldan se apartan de Frank y se ciernen sobre Joseph. Y, mientras ellos lo rodean, sonriendo y con los puños apretados, Joseph cree ver que la lengua de Viper tiene dos puntas, como la de un lagarto.

Como la de una serpiente.

6.

Viper y Joseph están sentados uno al lado del otro en el despacho de la Directora. Viper sonríe de lado, con la lengua entre los dientes. Joseph, que sostiene sobre el labio un trozo de hielo envuelto en un pañuelo, aprovecha para mirarle de reojo y confirma que sí, que le falta un trozo en medio de la lengua, como si se la hubieran cortado por la mitad.

Como si se hubiera dado un mordisco, más bien.

Ojalá se hubiera envenenado.

La voz de la Directora le arranca de sus pensamientos.

—Joseph, por favor, explícame qué ha pasado.

No es una petición, es una orden.

Su voz la delata: es más joven de lo que quiere aparentar con esa ropa negra y seria, con ese moño tenso con el que se recoge el cabello y que le afila los rasgos, con esos labios apretados en una línea severa.

Joseph se sorprende de que le haya llamado por su nombre y de que no mire ni una sola vez al expediente que tiene delante, en la pantalla del ordenador. ¿Cómo puede ser que recuerde su nombre, siendo la Directora de un centro de casi mil alumnos? Lo ha pronunciado casi como si le conociera personalmente, como si estuviera al tanto de sus problemas y preocupaciones, aunque sea la primera vez que pisa ese despacho.

Joseph nunca se mete en problemas. De hecho, es la primera vez que ve a la Directora tan de cerca. A pesar de su expresión fría, casi de estatua, a través de los limpísimos cristales de sus gafas, Joseph ve un brillo en sus ojos, como si supiera que él no merece estar allí.

Piensa que seguramente ese disfraz de mujer de piedra es una armadura necesaria para dirigir un instituto de casi mil alumnos en un sitio como ese.

Piensa que seguramente le está tendiendo una mano para hacer justicia.

Pero el jefe de estudios, que observa la escena en silencio, de pie junto a ella, no.

—No hace falta —dice el Rata, con una mueca de placer—. Yo lo he visto todo. A Frank se le ha caído el teléfono al suelo justo antes de pasar el control. Viper y sus amigos se han agachado a recogerlo, pero Joseph ha pensado que se lo estaban robando y se ha lanzado él solo contra los cuatro, sin preguntar siquiera qué había pasado.

Joseph siente un hormigueo en la garganta cuando los murciélagos vuelven a agitarse en su interior. Se aparta el pañuelo de los labios para dejarlos salir, pero no consigue decir nada.

Otra vez.

Joseph conoce mucho mejor al jefe de estudios que a la Directora, porque es el tutor de su curso, el último año de instituto. Es un hombre pequeño, con una nariz ganchuda y un par de incisivos enormes que sobresalen por encima del labio inferior. Los alumnos odian al Rata, y el Rata les devuelve el odio con la misma intensidad y todos los recursos a su alcance.

Como, por ejemplo, manipulando a la Directora para que actúe con mano de hierro.

Ella le deja terminar la parrafada, pero no le mira ni una sola vez.

Tiene la vista clavada en Joseph.

—¿Es eso lo que ha pasado, Joseph?

Vuelve a pronunciar su nombre como si le conociera.

Como si intuyera que lo que el Rata acaba de decirle no es verdad, pero necesitara escucharlo de labios de Joseph para creerlo.

Joseph mira al Rata que, cruzado de brazos, tiene los ojos fijos en Viper.

Viper, que tiene una plaza asegurada en la Universidad de las bandas en cuanto a final de año se gradúe con honores como Matón de Instituto.

Con todo lo que eso implica.

Joseph sabe que el Rata defiende a Viper para cubrirse las espaldas.

Acusarle a él no es nada personal, es una cuestión de supervivencia. Aunque es más que evidente que el Rata disfruta sobreviviendo.

—¿Joseph?

La voz de la Directora suena dura otra vez.

La tercera vez que pronuncia su nombre.

La tercera oportunidad.

Por su tono de voz, Joseph deduce que también es la última.

Joseph cierra los ojos un momento. Se aparta el hielo del labio partido.

Todavía lo nota caliente y palpitante, todavía tiene en la boca el sabor metálico de la sangre.

Y, dentro del pecho, los murciélagos baten las alas furiosos.

Sabe que lo que está a punto de hacer es peligroso, pero lo hace de todas maneras.

—No, eso no es lo que ha pasado —dice, por fin—. Viper y sus amigos han intentado robarle el móvil a Frank. Como se ha resistido, se lo han quitado a la fuerza y se lo han roto. Y luego han intentado pegarle. Hay un montón de testigos —Joseph traga saliva—. Puede que el jefe de estudios no lo haya visto bien, pero yo no me he enfrentado a Viper: he sido el único que ha salido a defender a Frank. Y, cuando lo he hecho, Viper y sus amigos me han rodeado y han empezado a pegarme.

Cuando Joseph termina de hablar, el Rata está pálido y una vena gruesa como un gusano le palpita enloquecida en la frente.

—Si hay tantos testigos, que vengan —dice Viper, desafiante. Sabe que nadie va a querer respaldar a Joseph—. Además, parece que estás llamando mentiroso al jefe de estudios. Mi versión y la suya coinciden —su lengua de serpiente se agita, burlona.

—¿Tienes a alguien que pueda venir a mi despacho y confirmar lo que has dicho? —pregunta la Directora, siempre pendiente de Joseph.

Se lo podría pedir a Andrew.

Se lo podría pedir a Anne.

Se lo podría pedir al propio Frank.

Pero eso significaría ponerles en el punto de mira de Viper y los suyos.

Los murciélagos vuelven a la cueva, a la negrura a la que pertenecen.

Nunca debió exponerlos a la luz del día.

—No —reconoce.

La Directora pasea la vista de Joseph a Viper, de Viper al Rata y de nuevo a Joseph. En sus ojos, Joseph ve que la Directora le cree, que estaría dispuesta a defenderle, que ella no se dejaría intimidar por unos matones de instituto.

Pero no puede hacer nada si no tiene a nadie de su lado.

—En ese caso, Joseph, tienes una falta grave —dice la Directora, y su voz suena un tanto derrotada—. Si vuelvo a verte por mi despacho, será para darte un parte de expulsión.

Cuando salen del despacho, el Rata resopla como si llevara un buen rato conteniendo el aire y se aleja a toda prisa por el pasillo.

Viper mira a Joseph y le muestra su lengua viperina en una mueca que deja claro que no se da por satisfecho con haber ganado un *round.*

A este combate le falta mucho para terminar.

7.

Joseph avanza por el pasillo, se ajusta los auriculares por debajo de la capucha de la sudadera y sube el volumen para ahogar con la música de Lyzard todo lo que hay a su alrededor.

Tiene prisa.

Hoy necesita más que nunca ir al gimnasio de M, y no quiere que Viper y sus amigos lo encuentren antes de poder hacerlo.

Camina con los ojos clavados en el suelo, mirando sin ver. Se concentra en la música que sale de los auriculares, imagina cómo sería si él tuviera el valor y la fuerza para expresar sus pensamientos con tanta libertad, si pudiera gritar todo lo que le revuelve las tripas día tras día, noche tras noche.

Se imagina delante de Viper.

Se imagina abriendo la boca y dejando salir todo lo que tiene dentro: un torrente negro de murciélagos furiosos, aleteando, amenazadores. Murciélagos que vuelan y lo invaden todo, cuyos chillidos despiertan a los demás alumnos del instituto y los inspira, que aniquilan su miedo a quienes solo saben hablar con los puños.

Se imagina a Viper y a sus gorilas paralizados, sin saber qué hacer ante una multitud que ya no les tiene miedo, que suma muchos más puños de los que ellos pueden reunir.

Joseph imagina y avanza, avanza e imagina.

De repente, muy cerca de la salida del instituto, la sombra de unas siluetas le corta el paso y un escalofrío le recorre la espalda.

Inspira hondo, apaga la música y alza la vista.

—Joseph, tío, te debo una —le dice Frank, avergonzado—. El móvil está en siniestro total, pero si no es por ti seguramente también me habría llevado un par de hostias de regalo.

Joseph deja escapar el aire de sus pulmones, aliviado, y sonríe a su mejor amigo.

No le apetece tener que dar explicaciones pero, desde luego, le apetece mucho menos toparse con Viper y sus matones.

Con todo lo que eso implica.

—¿Por qué llevas todo el día evitándonos? —le pregunta Anne, más preocupada que enfadada cuando sus ojos reparan en la boca de su amigo—. ¿Qué te han hecho esta mañana? —extendiendo la mano hasta casi tocar el labio dolorido, pero sin atreverse siquiera a rozarle.

—Estoy bien, solo ha sido un golpe —responde Joseph, señalándose la cara—. Los de seguridad se han metido en medio antes de que esos idiotas pudieran hacerme daño de verdad.

—¿Y luego que ha pasado? —Frank intenta quitarle hierro al asunto en un intento por disimular la vergüenza que le produce que su mejor amigo haya tenido que salvarle el culo.

—El Rata nos ha llevado a Viper y a mí al despacho de la Directora.

—Joder.

—Sí —responde Joseph. No tiene ganas de decir mucho más, pero sabe que Frank no se va a conformar con un monosílabo—. El Rata se ha puesto del lado de Viper, y yo me he llevado una falta grave. Por agresión. Si me ponen otra, me expulsan del instituto.

—¡Puto Rata de mierda! —dice Frank, hecho una furia. Cuando se da cuenta de dónde están y de que ha hablado en voz demasiado alta, se tapa la boca con las dos manos. Mira alrededor y después susurra—: Ese tío es un psicópata, yo no sé cómo le dejan dar clase en un instituto. Lo único que sabe hacer es envenenarle la mente a la Directora y crear mal rollo. Pero Viper le acojona más a él que a todos nosotros juntos.

—Es un cabronazo, sí —admite Joseph—. Pero entiendo por qué lo ha hecho. El Rata no quiere tener movidas. No olvides que Viper es hermano de Sego.

En cuanto Joseph pronuncia su nombre, se hace el silencio.

—¿Y te han puesto la falta así, sin más? —le pregunta Anne, como si de pronto hubiera reparado en algo—. ¿Ni siquiera te han dejado explicar lo que ha pasado?

—Sí —Joseph sabe adónde quiere llegar Anne, y no le gusta—. Claro que sí, se lo he explicado todo. Les he dicho que han sido ellos quienes han empezado y que yo solo quería defender a Frank.

—¿Te has atrevido a echarle la culpa a Viper? —pregunta Frank—. ¿Y has llamado mentiroso al Rata? ¿Delante de la Directora?

—Sí, ya lo sé. Es un suicidio, pero… Es que me ha salido así —reconoce Joseph.

—¿Y ella no te ha creído? —a Anne hay algo que no le termina de encajar—. A Viper ya le han expulsado mil veces, siempre es él quien empieza las peleas… No entiendo cómo puede haberte culpado a ti sin más.

—Bueno, me ha preguntado si alguien más lo había visto —admite Joseph por fin.

—¿Y por qué no nos has llamado? —dice ella, enfadada—. Habríamos ido a ayudarte.

Joseph mira a sus amigos.

Los dos harían cualquier cosa por ayudarle, no le queda ninguna duda.

Pero eso es precisamente lo que Joseph no quiere.

—No quería meteros en más problemas. Bastante trabajo vais a tener ya con estar pendientes de que esos cabrones no me partan la cara —les dice, y sus amigos saben que es verdad—. No solo me he encarado con él esta mañana. Además, he sido lo suficientemente gilipollas como para acusarle delante de la Directora. Ahora Viper me tiene entre ceja y ceja, voy a tener que andarme con cuidado.

—No creo que vaya a ir a por ti… —dice Anne, intentando tranquilizarle.

Sin embargo, el temblor de su voz la delata.

Por supuesto que van a ir a por él.

Y, por eso, Joseph tiene que estar preparado.

—Bueno, por si acaso, cuanto antes desaparezca de aquí, mejor —dice, avanzando un paso hacia la puerta.

—¿Adónde vas? —le pregunta Frank.

—Al gimnasio.

—¿Y no puedes ir mañana? —le dice Frank, pasándole la mano por el hombro—. Y, luego, aprovechamos para echar unos vicios, que te lo has ganado, héroe, ¿te parece?

—Gracias, tío, pero M me está esperando.

—Te acompañamos —responde Anne, decidida.

—Bueno, pues si te empeñas, claro, te acompañamos —admite Frank a regañadientes

—No, voy solo.

Joseph sale del instituto caminando deprisa, antes de que sus amigos cambien de idea y le sigan.

Y, en cuanto dobla la esquina, echa a correr.

8.

—Toma, anda —le dice M al verle entrar por la puerta, tendiéndole un par de guantes de boxeo—. Se te nota en la cara que los necesitas.

Joseph se da cuenta de que M tiene los ojos fijos en su labio partido, pero no le hace ni una sola pregunta. Coge los guantes que le ofrece y va al vestuario.

Deja la mochila del instituto en una de las taquillas, y empieza a cambiarse de ropa.

El gimnasio de M. es gigante. Antes de ser un gimnasio, era una nave industrial, el almacén de un supermercado que desapareció, como todo en la Ciudad, devorado por la enfermedad que hizo que el dragón dejara de respirar.

Pero aunque todos los edificios de su alrededor parecen estar muertos, el gimnasio de M. está más vivo que nunca.

En él entran chicos cabizbajos, que miran a todos lados, esperando que cualquiera de los peligros de la Ciudad se abalance sobre ellos como un depredador hambriento en cuanto bajen la guardia, y salen de él con la cabeza alta y el pecho hinchado, preparados para enfrentarse a cualquier cosa que se les ponga por delante.

El espacio es muy sencillo: el centro de la nave rectangular lo ocupa el cuadrilátero, y las paredes están forradas con espalderas. En las cuatro esquinas de la nave hay bancos de pesas y del techo, por todas partes, cuelgan pesados sacos de boxeo. El vestuario también es gigantesco, como el resto de la nave, pero a pesar de los altos techos y de que el aire se cuela entre las paredes de chapa del almacén, dentro hace casi el mismo calor que en la panadería. Sin embargo, mientras que en la panadería Joseph tiene la sensación de que el vapor del horno le devora, en el gimnasio siente todo lo contrario: la temperatura sofocante le hace sudar, le libera, le limpia.

Le cura.

Cuando sale del vestuario, se coloca en el saco más alejado del cuadrilátero, en una esquina oculta entre sombras, y empieza a mover los brazos en círculos para calentar. Después los mueve de adelante atrás y flexiona uno mientras estira los músculos del otro. Lanza unos cuantos puñetazos imaginarios al aire, al frente, al suelo, y hace girar las muñecas hacia dentro y hacia fuera.

Cuando termina de calentar, se pone los guantes y se coloca delante del saco.

Clava la mirada en el cuero negro hasta que se convierte en una mancha borrosa frente a sus ojos.

Se concentra.

Pero no da ni un solo puñetazo.

—¿Hoy tampoco es el día? —pregunta M, acercándose a la esquina.

Joseph se recuesta contra una de las espalderas y niega con la cabeza, con los brazos caídos y los guantes todavía puestos.

M. respeta su silencio durante unos segundos.

Después, pregunta:

—¿Quién ha sido?

—Viper —responde Joseph.

—Viper es…

—El hermano de Sego.

—Ya —M deja la frase en el aire y lo mira fijamente—. ¿Te has defendido?

Joseph niega de nuevo con la cabeza.

—¿Por qué no?

—Sabes perfectamente que no sé boxear.

—Bueno, lo primero es que no necesitas saber boxear para poder defenderte —responde M, señalándole. Lleva las manos protegidas por unas vendas—. Y lo segundo es que sí sabes boxear.

De repente, le lanza un gancho con su mano diestra. Instintivamente, Joseph se protege con la zurda y lanza el puño derecho hacia la cara de M, y él lo esquiva sin el menor esfuerzo.

—Perdona —se disculpa Joseph.

—No me pidas perdón —le dice M, con una voz muy parecida a la que ha usado la Directora esa misma mañana en su despacho—. No faltas a un solo entrenamiento. Te pasas, mínimo, cinco horas aquí todas las semanas, mirando cómo los demás se dejan los puños en el saco. A estas alturas, tienes completamente integrados los movimientos, las poses, las defensas —sin cambiar el tono de voz, M le lanza otro gancho. Joseph esquiva de nuevo, de manera instintiva—. Pero no das un solo golpe.

Joseph se queda en silencio.

La primera vez que entró en el gimnasio de M, fue un sábado por la mañana. El antiguo supermercado había hecho un pedido a la panadería, pero cuando Joseph y su padre llegaron con el reparto aún no estaba abierto. A Joseph se le ocurrió llamar a la puerta del almacén, y M se ofreció a guardar el pedido en el gimnasio hasta que el supermercado abriera. M los invitó a entrar y Joseph quedó inmediatamente fascinado por la energía que desprendía aquel lugar. La misma energía que sentía en las rimas de Lyzard.

Desde aquel día, entrena tres veces por semana, una hora y media cada día. Calienta, observa a los demás boxeadores, que entran en el ring hechos una bola de miedo y salen convertidos en guerreros, y entrena, entrena, entrena sin parar, con las pesas, las espalderas, la comba y todo lo que M le propone.

Pero, cuando está en el gimnasio, es incapaz de dar un solo puñetazo.

Como con las palabras, las manos se le vuelven de plomo y se siente incapaz de manejarlas. Solamente de noche, en la soledad de su cuarto, los brazos se le llenan de hormigas y entonces repite los movimientos que M le enseña, sobre el saco que le regaló hace ya quién sabe cuántos cumpleaños. Y ahí sí, golpea, golpea, golpea entre esos versos que escribe y que al final acaban enterrados en la papelera.

Cada vez que acude al gimnasio, que acude a M, espera que las hormigas decidan picarle las manos de día, en lugar de atormentarle de noche.

—Joseph, para luchar no necesitas seguir entrenando los puños —le dice M, sujetándole de las muñecas—. Los puños son un arma pero, a la hora de la verdad, lo único que cuenta es qué defienden, cómo lo hacen y por qué. Sobre todo hace falta entrenar esto —le toca la frente con el dedo índice—, y usar esto —le coge del mentón, señalándole la boca—. Que las palabras sean tus puños.

Joseph sabe que M tiene razón.

Y también sabe que armas así tiene de sobra.

Sobre todo de noche.

Lo único que necesita es encontrar el valor necesario para usarlas a la luz del día.

9.

Cuando Joseph sale del gimnasio, tiene la sensación de que pesa menos.

Da igual que su saco no haya encajado ni un solo puñetazo: ha hecho varios ejercicios de comba y unas cuantas series de pesas y ha trabajado en las espalderas. Ahora siente los músculos doloridos, pero por primera vez durante el día los murciélagos de su estómago duermen y las hormigas no le muerden las manos con sus minúsculas tenazas.

Hablar con M también le ha sentado bien. Con él tiene una conexión muy parecida a la que comparte con Anne: M sabe leer cada movimiento, cada gruñido de esfuerzo cuando levanta las pesas, cada mirada perdida frente al saco de arena. No hace falta que Joseph diga con palabras lo que se le pasa por la cabeza.

Y hoy, las pocas palabras que ha intercambiado con él le han dejado mucho más tranquilo. En todo el tiempo que lleva yendo al gimnasio de M, lo más importante que Joseph ha aprendido es que los puños nunca serán su arma, aunque por la noche le guste desahogarse con el saco de su cuarto. Lo que a él le gusta del boxeo es la energía, no la agresividad. Tenía miedo de que M se diera cuenta de eso y terminara dándole por perdido, pero cada día se vuelca más con él. Aunque no use las manos, aunque prefiera defenderse con la fuerza de sus palabras.

Que las palabras sean tus puños, piensa.

Eso le gusta.

Joseph camina a paso ligero las pocas calles que separan el gimnasio de su casa. El gimnasio está muy cerca de la zona deshabitada del Distrito 21 y, cuando sale, casi siempre es de noche. La mayoría de las farolas en el camino de vuelta a su casa están fundidas o rotas, y la única luz procede de los carteles de la Compañía que anuncian nuevas promociones inmobiliarias sobre los mismos edificios moribundos que pretende demoler para construirlas. Aunque siempre hace solo el camino de vuelta, aunque el camino es oscuro y peligroso y tiene que tener mil ojos abiertos, hay un placer al que Joseph nunca renuncia: se ajusta los auriculares por debajo de la capucha, con cuidado de que no se le vean, y enciende el reproductor de música.

Su reproductor es viejísimo. Muchas veces se atasca y reproduce una sola canción en bucle pero, de todas formas, él siempre pone el mismo tema.

La base de la primera canción que Lyzard subió a su canal.

La base de la primera canción que le mantuvo despierto por la noche, componiendo rimas que solo se atreve a enseñarle a Anne, pero no pronunciar en alto.

Hoy, por el camino imagina todo lo que podría haber dicho cuando ha salido a defender a Frank. Lo que le podría haberle dicho a Viper y a los suyos, pero también a todos los que han presenciado la escena y que, por miedo, han permanecido ciegos, sordos y mudos.

Escondo sombras que hacen formas, deformándome,
tu voz calmándome, pero mientras el odio hablándome,
que mate o muera, así es la vida…
Llámame rencoroso pero quiero que paguen por mis heridas...

No le hace falta cerrar los ojos para imaginar que el escenario cambia a su paso, que la sombra de la Fábrica es menos siniestra, que las calles no están desiertas ni los edificios vacíos parecen un bosque calcinado, que las bandas no se han hecho con una parte de la Ciudad por la que ya casi nadie se atreve a pasar.

Joseph camina ligero, cada vez más deprisa, el pecho tira de él como si en cualquier momento fuera a echar a volar, mientras sobre esa base que ya ha escuchado mil veces, los murciélagos dormidos se vuelven letras que abandonan su estómago y empiezan a planear sobre su cabeza.

Casi puede sentir cómo se acumulan en su garganta, en su boca, e intentan escapar.

Ahora que está solo, se atrevería.

A expresar lo que esta mañana le ha movido a actuar como lo ha hecho.

A expresar esas palabras que le queman por dentro.

En las calles empieza a haber más gente.

Ya está muy cerca de la plaza, de la panadería, de su casa.

Joseph empieza a mover los labios en silencio, muy despacio, como si estuviera calentando la boca y la voz.

Y, entonces, los ve.

Por un momento, no se extraña de ver a un grupo de chicos más o menos de su edad frente al escaparate de la panadería.

Luego ve que uno de ellos recoge algo del suelo, retrocede unos pasos, toma carrerilla.

Joseph se detiene. No quiere sacar conclusiones precipitadas. Como la Directora esta mañana. Como el Rata. Pero nota que el corazón se le acelera cuando el chico, que ahora corre hacia el escaparate, levanta la mano en el aire como si dentro llevara algo.

Del impulso, la capucha de su sudadera cae hacia atrás.

Es la serpiente.

Es Viper.

Los murciélagos le recorren el cuerpo en tromba y vuelan hasta sus pies.

Joseph no se lo piensa dos veces y echa a correr al ritmo de la música que retumba en sus auriculares. Aunque tiene las piernas doloridas por el gimnasio, se olvida de los calambres y se abalanza sobre Viper.

—¡Cuidado! —le avisa otro de los encapuchados, señalando a Joseph.

No llega a tiempo.

La piedra que Viper llevaba en la mano dibuja un arco perfecto y se estrella contra el escaparate de la panadería justo antes de que Joseph caiga sobre él. En la superficie transparente se forma una circunferencia de la que brotan mil grietas, y el vidrio se desmorona en una cascada de minúsculas esquirlas de cristal.

—¡Entrad dentro y llevaos todo lo que podáis! —grita Viper desde el suelo, retorciéndose como una sabandija e intentando escapar de los brazos de Joseph—. ¡Destrozadle la tienda a este *pringao!*

A Joseph le empiezan a picar los puños con la invasión de mil hormigas.

Los murciélagos baten ahora sus alas correosas dentro de su garganta.

Y justo cuando cree que va a conseguirlo, una voz profunda ahoga los chillidos de Viper.

—Suéltalo.

Joseph obedece inmediatamente.

Es Sego.

Es la primera vez que Joseph le tiene frente a frente, pero no le queda ninguna duda de que es él.

—No se te ocurra levantarte.

Sego le señala con la punta de una navaja mientras Viper se pone en pie y se coloca detrás de su hermano. Ya a salvo, vuelve a asomar la lengua partida entre los dientes.

—Me habías dicho que era un cobarde —dice Sego—. Pero tiene un par de huevos. Nos vendría bien tenerlo en la Banda.

—¿Huevos, este? —Viper escupe en el suelo, muy cerca de donde Joseph sigue arrodillado, impotente, con las manos levantadas—. Es un mierda, como sus padres. Y, con el repasito que le vamos a hacer a su mierda de tienda se le van a quitar las ganas de hacerse el héroe.

A Joseph le pican los puños.

Le da vueltas el estómago.

Pero no hace ni dice nada mientras, tendido en medio de la calle, ve cómo Sego, Viper y sus matones saquean y destrozan la panadería de sus padres.

10.

Cuando llega a casa, Joseph se queda un rato delante de la puerta con la llave en la mano.

No se atreve a entrar.

No le quedan energías para afrontar lo que le espera ahora.

Pero es lo que hay.

—¡Joseph! ¿Dónde estabas? —su madre corre a la puerta en cuanto oye la cerradura—. ¡Estábamos preocupadísimos!

—Estaba en el gimnasio —responde él.

—Hemos llamado a M y nos ha dicho que hace más de una hora que saliste de allí —dice su padre.

Está apoyado en el marco de la puerta de la cocina, con los brazos cruzados. Su gesto es severo, pero su voz suena tranquila.

—Es que ha pasado algo… —Joseph no sabe por dónde empezar.

—¡Tienes el labio partido! —su madre empieza a tocarle la cara—. ¿Te has hecho daño en el gimnasio?

—Eso es del instituto —dice Andrew, levantando la vista del cómic que está leyendo.

La cara de su madre se vuelve blanca y su padre tiene que acercarle una silla para que se siente.

—¿Qué? —dice ella, mirándolo con los ojos muy abiertos, como sin comprender—. Pero Joseph… ¿Qué ha pasado?

No sabe qué decir.

Y, desde luego, no sabe cómo explicar todo lo que tiene que explicar.

—Esta mañana, antes de pasar el control de seguridad, Viper y sus matones han intentado robarle el móvil a Frank y yo he salido a defenderle.

Sabe que esa solo es la verdad a medias, pero no quiere alarmar aún más a sus padres, y mucho menos con la noticia que todavía tiene que darles. Pero parece que hoy Andrew tiene un interés particular en hacerle la vida imposible.

—No deberías meter las narices donde nadie te llama, Joseph. Nadie ha movido un dedo para hacer nada porque son listos y saben cómo se las gasta Viper. No sé cómo se te ocurre meterte a ti, a que encima te partan la cara por otro. Y, para terminarlo de rematar, va el Rata, te pilla y te lleva al despacho de la Directora.

—¿El despacho de la Directora? —dice su madre, cada vez más confusa.

—Sí, pero no ha pasado nada. Me han puesto una falta y me han dado un aviso —dice Joseph—. Pero ahora no os preocupéis por eso, porque…

—Pero ¿no dices que no ha sido culpa tuya? ¿Entonces por qué te han puesto una falta? Joseph, ¿tú te das cuenta de lo que nos estás contando? —su padre ahora está rojo, y su madre le agarra del antebrazo para que se calme—. ¿Cómo quieres que no nos preocupemos?

—Sí, papá, me he metido en una pelea y me han partido el labio. Me han llevado al despacho de la Directora y me han puesto una falta grave, con amenaza de expulsión. Pero lo grave de verdad es que esos mismos matones han destrozado el escaparate de la panadería y se han colado dentro —consigue decir, por fin, de carrerilla y sin respirar.

La noticia sacude las paredes de la casa como un terremoto.

—Que han hecho… ¿qué? —pregunta su padre, con un hilo de voz.

—¿Cómo lo sabes? —quiere saber su madre, en cambio.

—Lo he visto ahora mismo. Acabo de pasar por delante.

—¿Y cómo sabes que ha sido Viper? —le pregunta Andrew—. ¿Les has visto?

Joseph siente que el calor le enciende las mejillas.

Su madre y su padre le miran expectantes.

Andrew le mira suspicaz.

—No, no les he visto —miente. De pronto, le viene a la mente una excusa perfecta—. Han dejado una pintada con espray en la puerta. Pone «Sego».

A Joseph se le cae el mundo encima cuando escucha el grito de angustia que intentan reprimir sus padres: todos saben perfectamente quién es Sego, y lo que significa tener problemas con él.

—¿Sego? ¿Pero no has dicho que la pelea ha sido con un chico del instituto? —pregunta su padre, con la esperanza de que Joseph se haya equivocado.

—Viper es el hermano pequeño de Sego, papá —le aclara Andrew—. El valiente de Joseph nos ha metido en una buena.

A Joseph le arde la cara, le escuecen los ojos, le palpita el labio roto.

Tiene ganas de llorar.

Pero no llora.

—No te metas con tu hermano —dice su madre, levantándose repentinamente de la silla y abrazando a Joseph—. Solo ha hecho lo que creía que tenía que hacer.

En la cocina cae un silencio pesado como un telón.

—Venga, vamos a ver ese desastre —dice su padre, poniéndose el abrigo.

Su madre, que ya casi ha recuperado el color de la cara, les tiende un cubo con agua y un cepillo.

—Para la puerta —le dice a Joseph, poniéndole el asa en la mano.

—¿No vamos a llamar a la policía? —pregunta Andrew—. ¿O al seguro, para que lo arreglen ellos?

—No —contestan su padre y su madre a la vez.

Es mejor no llamar más la atención.

No provocar más a Sego y a su banda, si no quieren que la situación vaya a más.

—Andrew, prepárate y ve a ayudar a tu hermano y a tu padre —le dice su madre.

—¿Ahora? —a Andrew le tiembla la voz de miedo—. ¿Y si siguen ahí? ¿No deberíamos esperar a mañana, cuando abramos? ¿A que al menos haya luz?

—Si no intentamos arreglarlo ahora, mañana no va a haber panadería que abrir —responde ella. Y luego añade—: Y, Andrew: esto no ha sido culpa de tu hermano —sentencia.

Nadie se atreve a decir nada más.
Pero en la mente de todos ronda el mismo pensamiento.
Lo que ha pasado no es culpa de Joseph.
Es culpa de la Ciudad.
De una ciudad en la que están atrapados.

11.

A Joseph le duele todo el cuerpo.

Andrew y él han barrido en silencio los cristales rotos de la calle y han cerrado el escaparate con la madera de unos palés que había en el almacén. Ahora están dentro, haciendo recuento de los daños de la tienda y de las cosas que faltan mientras su padre intenta borrar la firma de Sego, aún fresca, de la puerta.

—Han destrozado la caja registradora, pero no había nada dentro —dice Andrew, mirando el libro de cuentas—. Eso sí, va a haber que comprar una nueva.

—Anda, ¿ya no soy invisible? —le dice Joseph—. Pensaba que era un valiente imbécil, que todo esto era por culpa mía, y que no me hablabas.

—Joder, Joseph, es que a veces se te va la pinza —Andrew vuelve a parecer molesto—. No sé por qué cojones tienes que ir haciéndote el salvador, si sabes cómo terminan luego las cosas.

—Porque si nadie les planta cara, al final mandan ellos —responde Joseph secamente.

—Ya, bueno, y tenías que ser tú, ¿no? —la voz de Andrew se suaviza un poco—. Me has hecho pasar un mal rato esta mañana, tío, por eso me he cabreado tanto contigo.

—Ya, bueno, no eres el único que lo ha pasado mal esta mañana —le recuerda Joseph, pero, dispuesto a enterrar el hacha de guerra, cambia de tema—: ¿La caja fuerte también se la han cargado? —pregunta Joseph, preocupado.

—Ni la han tocado —comenta Andrew—. Qué raro.

—¿Y dentro del horno han roto algo? —vuelve a preguntar Joseph, colocando un par de estantes caídos.

—No, creo que no —contesta su hermano—. Han rajado un par de sacos de harina y lo han puesto todo perdido, nada más.

—De aquí se han llevado todos los dulces, pero las vitrinas están intactas —dice Joseph cuando termina de colocarlas—. ¿Me pasas un paño?

Andrew se agacha debajo de la caja registradora y le tiende un trapo viejo.

Joseph se seca el sudor de la cara y las manos, y se dirige a la zona del horno.

—¿Adónde vas? —le pregunta Andrew.

—A limpiar ese desastre.

—Déjalo, ya lo hacemos mañana. De todas maneras, sin escaparate y sin caja no vamos a poder abrir. Lo más gordo ya está hecho y papá debe de estar a punto de terminar. Además, es supertarde, más nos vale dormir un poco.

Joseph le ignora y se dirige a la trastienda con la escoba en la mano. Andrew coge otra y le sigue.

—Oye, Joseph… —le dice Andrew, mucho más suave—. Perdona por lo de antes.

—Ya, no te preocupes —contesta Joseph, y empieza a barrer.

—No, en serio —Andrew conoce a su hermano. Sabe que está dolido—. Lo que he dicho antes ha sido sin pensar.

—Vale.

—No me crees, ¿no?

—Que sí, que te creo. Pero estoy hecho polvo, Andrew: hoy llevo en pie desde las cuatro, me han partido la cara, casi me expulsan del colegio y nos han destrozado la panadería porque a mí me ha dado por hacerme el gallito.

—A mí no me pareces un gallito —dice Andrew en voz baja—. Me pareces un héroe.

Joseph se echa a reír con tanta fuerza que tiene que agarrarse al palo de la escoba.

—¡Te lo digo en serio!

—Sí, claro. ¿Harinaman? ¿Pringadoboy? Uy, no, ya sé: me parezco al superhéroe ese de tus tebeos, ¿no? —dice Joseph cuando se le pasa un poco el ataque de risa.

—Bueno, no te flipes, que tampoco ha sido para tanto —ríe su hermano—. Pero para plantarle cara tú solo a Viper hay que estar un poco de la olla. ¡Eso no se atreve a hacerlo ni Shadow! Él espera a que se haga de noche y se pone su traje para que nadie pueda reconocerle. Pero tú has salido a defender a Frank ahí, a cara descubierta… —a Andrew le brillan los ojos de admiración.

—Antes no te ha parecido tan buena idea —le recuerda Joseph.

—Ya, tío… Es que… Te has arriesgado mucho.

En el silencio que sigue, Joseph escucha también lo que su hermano calla.

Y nos has puesto en riesgo a los demás.

Joseph sigue barriendo.

—Lo siento —dice, al rato—. Espero que ahora a Viper no le dé también por meterse contigo.

—No creo —responde Andrew con voz temblorosa, como si en realidad fuera precisamente eso lo que esperara—. Pero la próxima vez que quieras partirle la cara a los malos, hazte un disfraz y sal por ahí de noche. Esa es la moraleja de hoy. ¡Ah! Y asegúrate de que tu coche mole, eso ayuda.

—Vale —responde Joseph, con una sonrisa.

Los malos…

La culpa le atenaza la garganta en cuanto recuerda que hoy no solo le ha plantado cara a Viper, que ya es bastante malo. Además, lo ha hecho delante del mismísimo Sego.

Eso, claro, no se lo dice a su hermano. Andrew ya está bastante preocupado con lo que sabe como para encima preocuparle con lo que no.

Así que intenta hacer desaparecer sus preocupaciones a escobazos.

Cuando ya casi han terminado de limpiar la harina, su padre entra en el horno, con la cara roja y los nudillos raspados de restregar la puerta.

—¿Has conseguido limpiarla? —le pregunta Joseph.

—Casi, aunque todavía se ve un poco. Vamos a tener que pintar la pared.

—Puedo hacerlo ahora, si quieres —se ofrece él.

—No, hijo —su padre le da un apretón cariñoso en el hombro—. No hace falta. Ya es muy tarde. Debéis de estar hechos polvo. Además, no vamos a poder abrir con el escaparate así y la caja rota. Ya lo arreglamos mañana.

—¿Ves? —ahora que su padre está delante, Andrew vuelve a pincharle.

—Venga, vámonos a casa.

Cuando los tres salen de la panadería, ya es noche cerrada.

La panadería queda muy cerca de casa, pero Andrew y su padre caminan deprisa y en silencio, mirando atrás y a los lados de vez en cuando, alerta.

Joseph se da cuenta de que tienen miedo.

Pero él, a pesar de todo lo ocurrido, no.

Es como si la sombra oscura de la Fábrica, que de noche parece más que nunca un dragón dormido, absorbiera su miedo, su cansancio, su vergüenza.

Tenía la esperanza de caer en coma en cuanto apoyara la cabeza en la almohada.

Pero los murciélagos aletean enloquecidos, las hormigas muerden con fuerza.

Y ahora, a la luz de la luna, Joseph está más despierto que bajo cualquier rayo de sol.

12.

Joseph se revuelve en la cama.

Aunque el cuerpo le pedía con todas sus fuerzas sentarse a escribir y componer, al final ha hecho un esfuerzo por acostarse y descansar.

Pero no tiene ni pizca de sueño.

Sabe que esta noche tampoco va a pegar ojo, así que estira el brazo y tantea sobre el escritorio en busca del móvil. La habitación es tan estrecha que llega sin problemas. Pulsa uno de los dos botones del lateral y una luz azulada disuelve la oscuridad.

Son las tres y veinte de la madrugada.

Joseph busca entre sus contactos y ve que Anne se ha conectado hace solo dos minutos.

Joseph: Si me dices quién te roba
el sueño, voy a decirle un par de cositas.

Anne: Total, plantarle cara a un
matón más o menos hoy ya te da igual, ¿no?

Joseph: Ya ves. Estoy que lo tiro.

Anne: Pues, si todavía tienes ganas
de marcha, vente a hablar con mi padre.
Seguro que él te da unas cuantas ideas.

Joseph: ¿Con tu padre? ¿Ha pasado algo?

Anne: No van a volver a conectarnos la luz.

Joseph: ¿Cómo? No pueden hacer eso.

Anne: Pues parece que sí que pueden. Mi padre ha hablado con ellos hoy y le han dicho que no les sale rentable restablecer el servicio para tres pisos que hay habitados en el edificio.

Joseph: No me lo puedo creer... ¿Y qué vais a hacer?

Anne: Los otros dos vecinos ya han hecho las maletas. Y mi padre también quiere que nos vayamos.

Joseph: ¿Adónde? ¿Habéis encontrado algún piso cerca de la plaza?

Anne: De la Ciudad, Joseph. Quiere que nos vayamos de la Ciudad.

El corazón de Joseph se para durante un segundo.

Es como si de repente se hubiera quedado vacío por dentro: los murciélagos se han quedado quietos, las hormigas han dejado de morder. Lo único que siente es una corriente de aire frío en su interior, ocupando el hueco que va a dejar Anne si se marcha de la Ciudad.

Lleva acompañándole toda la vida: si vuelve la vista atrás, no es capaz de recordar ni un solo momento importante en el que ella no estuviera a su lado, en el que no estuvieran juntos.

Nadie le conoce mejor que ella.

Nadie le entiende como ella.

No quiere separarse de ella.

Pero también sabe que es un pensamiento muy egoísta.

Joseph es el primero que quiere salir de la Ciudad. Esta misma noche lo ha pensado mil veces, mientras recogía cristales rotos de la calle, mientras barría harina sucia del suelo de la panadería.

Anne es la persona más importante en la vida de Joseph.

Y, aunque su ausencia vaya a dolerle muchísimo, solo quiere lo mejor para ella.

Anne: ¿Sigues ahí?

Joseph: Sí.

Anne: ¿Y no me dices nada?

Joseph: Anne, en la Ciudad no se puede vivir, solo sobrevivir. Además, al final nos van a terminar echando a todos.

Anne: Ya, ya sé que la Compañía financia a las bandas porque quiere que la Ciudad se venga abajo, que a la gente no le quede más remedio que mudarse a otras zonas y poder derribar los edificios y quedarse con los terrenos. Frank no deja de investigar sobre esas mierdas en Internet y mandármelas.

Joseph: Frank cuenta muchas mierdas, pero en concreto estas son verdad, Anne.

Anne: Me da igual, yo no quiero irme. Podemos buscar una casa más cerca del centro, o en otro distrito. Mis amigos y mi vida están aquí.

Joseph: Pues no debería darte igual, Anne. La Compañía cada vez les da más pasta, Frank dice que hay rumores en Internet de que son ellos incluso los que les proporcionan la droga. Cada día son más fuertes, y ya ni siquiera roban: solo se dedican a acojonar a la gente y a hacerles la vida imposible.

Anne: ¿Y eso tú cómo lo sabes?

Joseph: Porque hoy nos han destrozado la panadería. Han reventado la caja registradora, pero la caja fuerte estaba intacta. Y no se han llevado nada.

Anne: ¿Qué dices? ¿Quién?

Joseph: Viper y unos cuantos de la banda de su hermano. Los he visto al volver del gimnasio. Y le he parado los pies a Viper. Delante de Sego.

Anne: ¿QUÉ?

Joseph: Ya te lo he dicho… Estoy que lo tiro.

Anne: A mí no me hace gracia, Joseph. ¿No has tenido suficiente con lo de esta mañana? ¿Sabes en lo que te estás metiendo?

Joseph: No sé en qué estaba pensando, no he podido evitarlo. He saltado como por instinto.

Anne: ¿Y el instinto de conservación dónde te lo has dejado?

Joseph: Pues en el mismo sitio que tú, supongo. Porque hace un segundo me estabas diciendo que no te quieres ir de la Ciudad.

Anne: Bueno, parece que te mueres de ganas de perderme de vista.

Joseph: Pues me harías muy feliz, la verdad.

La última frase también la ha escrito su instinto, por lo visto, porque él no la ha pensado.

Anne deja de escribir, aunque Joseph ve que está conectada.

Escribe y borra, borra y escribe, y su estado pasa de «escribiendo» a «en línea» varias veces, hasta que al final Joseph se da cuenta de que Anne no va a contestar a su último mensaje.

Joseph: Anne, perdona. Yo no quiero que
te vayas de la Ciudad.

En línea.
Silencio.

Joseph: Anne, no te enfades. No quería decir eso.

En línea.
Silencio.

«Yo lo que quiero es que te quedes conmigo», escribe Joseph.
Escribe y borra. Borra y escribe.
Anne sigue en línea.

Joseph: Yo no quiero que te vayas de la Ciudad.
Pero sería lo más seguro.

En línea.
Silencio.
Silencio.

Joseph: ¿Anne? Dime algo, por favor.

Usuario desconectado.

13.

Cuando el teléfono suena, Joseph, se despierta con un aleteo de murciélagos en el corazón. No recuerda a qué hora se durmió pero, por el escozor de ojos y el dolor punzante que le agujerea las sienes como un taladro, intuye que fue muy tarde.

En la pantalla del móvil palpita un número desconocido.

—¿Sí?

—Joseph, ¿dónde estás? —Joseph siente brotar el géiser de palabras calientes de Frank al otro lado del teléfono—. ¿Qué coño le ha pasado a la panadería?

—¿Desde dónde me estás llamando?

—Pues desde mi móvil reventado desde luego que no, gracioso —contesta Frank, molesto—. Te estoy llamando desde la cabina de la plaza, ¿desde dónde iba a hacerlo, si no?

Las palabras de Frank provocan que los recuerdos del día anterior caigan sobre Joseph como una avalancha.

—Voy, perdona —responde, completamente despierto—. Espérame ahí.

Joseph se cambia de ropa y sale de su habitación a toda prisa.

—¿Mamá? ¿Por qué me has dejado dormir hasta tan tarde? —se queja cuando se la cruza en la cocina.

Su madre le ofrece una taza de café humeante.

—Me ha parecido que te lo merecías —le dice, mirándole a los ojos.

Joseph siente que algo se le derrite por dentro cuando le da un sorbo al café, que sabe a mucho más que café.

Sabe a perdón.

A reconocimiento.

Al orgullo que su madre siente por él.

Joseph apura la taza, se quema la lengua, saborea el café. Después se levanta y abraza a su madre con fuerza.

—Mamá, me tengo que ir, me está esperando Frank abajo —le dice cuando se separan.

—Vale —responde ella—. Vuelve pronto. Vamos a necesitar ayuda esta tarde en la panadería.

Cuando sale por la puerta, Joseph espera que le despida con un «Ten cuidado» o un «No te metas en líos», pero no dice nada.

En su silencio, Joseph escucha un «Sé valiente».

Cuando llega al escaparate tapiado de la panadería, se da cuenta de que está sonriendo.

—Explícame qué es exactamente lo que te hace gracia, porque yo no pillo el chiste —le pide Frank en cuanto le ve aparecer.

—Nada, tío. Estaba pensando que esto se parece bastante a la pizzería de los animatrónicos —le contesta, con un guiño, mientras da un par de leves golpes en la madera con los nudillos—. No me digas que no da mal rollo.

—Tú sí que das mal rollo —dice Frank, pero también sonríe.

Mientras caminan hacia la plaza del Distrito 24, Joseph le pone al día sobre el asalto a la panadería. Frank escucha muy atento, como si le estuviera contando el argumento de una película de acción.

—¿Que tiraste a Viper al suelo? —le pregunta cuando Joseph termina la historia—. ¡Joder, colega! ¡Y yo jugando a la consola! ¡Si llego a saber que te vas a montar una aventura en tiempo real, me voy contigo al gimnasio!

Joseph se ríe.

A pesar de todo, se siente contento y ligero, lleno de una energía desconocida.

Joseph no quiere darle más importancia al asunto de la panadería, así que habla con Frank de videojuegos, de series, del último tema que Lyzard ha subido a su canal (y que todavía no ha escuchado). Cuando llegan a la esquina del edificio donde vive Anne, se encuentran con su padre, que se los queda mirando con cara extraña.

—¿Dónde está Anne? —les pregunta.

—Venimos a buscarla —contesta Frank.

—Pero si ha bajado hace un rato… —comenta su padre—. Ha dicho que os esperaba abajo para que no tuvierais que subir hasta…

—Igual se nos ha adelantado, porque la verdad es que hemos llegado un poco tarde —se apresura a contestar Joseph. Probablemente, Anne sigue enfadada con él—. Si corremos, seguro que la pillamos —y, agarrando a Frank del antebrazo, echa a correr por las calles desiertas del barrio.

—¡Oye, tú! ¡Frena un poco! ¡Que yo no me paso la vida en el gimnasio! —se queja Frank entre jadeos—. ¿Qué bicho le ha picado a Anne? ¿Por qué se ha ido sin nosotros?

Joseph no contesta. No tiene tiempo para explicarle nada a Frank. Ni sobre la discusión con Anne ni sobre la bandada de murciélagos que de repente chilla enloquecida en la boca de su estómago.

Tiene un presentimiento horrible.

Frank se detiene. Pero Joseph, no. Sigue adelante, corriendo cada vez más deprisa, hasta que llega frente a la entrada del edificio del instituto.

Recorre con la vista la fila del control, se detiene en cada uno de los rostros, los examina, ansioso, en busca del único que le importa.

Y, entonces, la ve.

Unos cuantos puestos más adelante, Anne espera su turno para pasar por el detector, sola y con expresión triste.

Pero a salvo.

Joseph respira, aliviado, y decide dejarla en paz: no es la primera vez que discuten. En cuanto tenga una oportunidad, intentará hablar con ella y arreglar las cosas. Ella lo entenderá, siempre lo hace.

Y, entonces, los ve a ellos.

A Viper y sus cuatro matones. Esperándole. Están apoyados en la esquina y fingen charlar distraídamente, pero tienen los ojos clavados en él.

Viper sonríe de forma siniestra, con la lengua de reptil asomando entre los dientes ligeramente separados, y luego desvía la mirada hacia Anne.

Lo único que Joseph ha conseguido con el espectáculo que acaba de montar ha sido dejar claro qué es lo que de verdad le importa, lo que de verdad no está dispuesto a perder.

Viper le hace un gesto a los demás para que se queden donde están y no llamen la atención. Después, con los ojos desafiantes fijos otra vez en los de Joseph, empieza a acercase a Anne.

Lenta y sigilosamente.

Como una serpiente.

Joseph se queda quieto. Sabe que Viper le está midiendo, que solo quiere demostrarle lo fácil que sería para él tener la última palabra. Sabe que debería quedarse donde está. No provocarle más. Sabe que esa sería la única forma de que Viper le dejara en paz.

Pero no puede.

No puede soportarlo ni un minuto más.

La impotencia.

La vergüenza.

La ira.

El miedo.

Por Anne, y por todos los que le importan.

Los murciélagos aletean y se agolpan en su garganta. Las hormigas se acumulan como un ejército en sus manos.

Esta vez no los detiene.

Joseph corre a plantarle cara a Viper.

Con todo lo que eso implica.

14.

—Hola, preciosa. ¿Dónde te has dejado a tu guardaespaldas?

Anne da un respingo.

Está de espaldas, así que no puede verle, pero ha reconocido perfectamente esa voz.

Antes de que pueda apartarse, Viper la rodea con el brazo.

—Ni se te ocurra tocarme —dice ella, intentando zafarse.

—Bueno, bueno, qué maravilla. Si ha salido igual de respondona que su novio… — Viper ríe entre dientes—. No te preocupes, me van las guerreras.

Viper estrecha el brazo alrededor de los hombros de Anne y la atrae hacia sí.

—Joseph no es mi novio —responde. No le tiembla la voz, pero sí el cuerpo—. Y tampoco necesito ningún guardaespaldas.

Anne intenta darle una patada en la entrepierna pero Viper, escurridizo como una culebra, se aparta justo a tiempo y la sujeta con más fuerza. No está acostumbrado a que le planten cara, y no le gusta. Su sonrisa se transforma en una mueca que a Anne le pone la piel de gallina.

—Vamos a dejarnos de tonterías, bonita. Vas a mandarle un mensaje a tu novio de mi parte…

Viper se acerca cada vez más a Anne. Su presencia reptiliana hace que ella vaya perdiendo aplomo, que cada vez se sienta más pequeña. Le gustaría pedir ayuda, pero sabe que nadie va a arriesgarse. La gente de la cola del control de seguridad pasa a su lado, indiferente. Nadie quiere meterse en líos por nadie. Y menos con Viper. Nadie se mete con Viper.

Cuando ya casi siente el pestilente aliento en la cara, una mano, que en ese momento le parece enorme, agarra a Viper del cuello de la chaqueta y lo aparta de ella tan rápido que, por un momento, Anne duda de que realmente estuviera allí. Viper tropieza y cae al suelo, raspándose la cara contra la arena.

Y una espalda que conoce muy bien, pero que en ese momento también le parece enorme, se coloca frente a ella como un inmenso escudo.

Es Joseph.

Anne piensa que va a abalanzarse sobre Viper. Tiene el cuerpo tenso y la mirada fija en él. Aprieta los dientes como si quisiera arrancarle la cabeza.

Y, por un momento, Anne piensa que podría hacerlo.

Pero Joseph solo dice:

Montaña de miedos, a la vida, al futuro,
me abalanzo sobre ti y así procuro
dejar al aire tu verdad, tu interior oscuro,
no eres más que miedo y vergüenza bajo ese muro...

La cola se deshace y enseguida se forma un corro en torno a ellos. Viper se levanta del suelo y mira a Joseph, incrédulo. También él se siente súbitamente empequeñecido bajo la inmensa y oscura sombra que proyecta Joseph.

Desde las últimas filas del corro, una voz grita:

—¡Pégale, Joseph!

—¡Sí!

—¡Dale a probar de su propia medicina!

Los cobardes. Los desesperados. Los desamparados.

Los que piden justicia.

De pronto, Joseph parece salir de una especie de trance.

—No, no —murmura.

No quiere usar los puños.

Prefiere mil veces usar sus palabras.

Un arma de la que Viper no se puede defender.

Un arma que ha conseguido hacer que los atemorizados despierten y tengan esperanza.

Que las palabras sean tus puños.

—¡Dale, Joseph!

No.

—¡Pártele la cara!

No.

—¡Que se entere de una vez!

No. Así no.

—¡Vamos!

—No... —esto no es lo que él quería—. ¡NO!

A su alrededor se hace el silencio.

Joseph baja la vista, se mira las manos y las siente extrañamente ligeras.

Las hormigas ya no le pican.

Tiene el presentimiento de que se han ido para siempre.

—¿No os dais cuenta de que eso es lo que quiere? ¿De que solo necesita una excusa para que esta mierda no termine nunca?

Viper le mira con los ojos entornados. Al principio no se fía de las intenciones de Joseph pero, cuando comprende que habla en serio, la lengua partida vuelve a asomarle entre los dientes.

De pronto, Viper vuelve a tirarse al suelo, se tapa la cara y empieza a aullar como si le estuvieran arrancando la piel a tiras.

Y, en ese momento, el Rata, escoltado por uno de los guardias de seguridad irrumpe en el círculo y se planta en medio.

La escena no deja lugar a dudas: Viper tirado en el suelo, cubriéndose el rostro con las manos; Joseph de pie, con los puños en alto y un corro de gente que lo anima y pide sangre a gritos.

—¿A quién quieres que me lleve hoy de testigo? —sisea el profesor entre sus prominentes paletos mientras agarra a Joseph del hombro y se lo lleva al despacho de la Directora.

Anne los sigue fuera del corro. Cuando abre la boca para hablar, Joseph le hace un gesto con la cabeza. Para que se quede donde está. Para que no diga nada.

Porque el corro que hace unos segundos le vitoreaba ahora se ha quedado mudo. La valentía que les ha inyectado sus palabras ha durado solo un momento.

Nadie más va a salir a defenderle.
Pero a Joseph eso no le preocupa.
Si lo que necesitan para despertar son palabras, Joseph tiene más.
Muchísimas más.

15.

Esta vez, Joseph no encuentra ni rastro de comprensión en esos duros ojos grises que le miran desde el otro lado de la mesa.

La Directora le ha dado un voto de confianza y él ni siquiera ha tardado un día en romperlo. No sabe por qué, pero algo le dice que la Directora no es de las que dan terceras oportunidades.

—¿Dónde está Viper? —pregunta ella, en cuanto el Rata termina el relato exagerado de lo que ha ocurrido frente al control.

—He pedido a sus amigos que lo lleven a la enfermería —responde el jefe de estudios, aunque ni siquiera se ha parado a comprobar si Viper estaba herido.

La Directora no necesita más pruebas para proclamar su sentencia.

—Joseph, estás expulsado —dice, despacio y en tono severo.

Por la decepción que Joseph nota en su voz, parece que a quien más le duele el castigo es a ella.

Como si fuera culpa suya.

Joseph estaba preparado para todo, menos para eso. Mira al suelo.

—¿No tienes nada que decir? —la Directora le tiende la mano por última vez.

Las alas de uno de sus murciélagos golpean contra su paladar, intentando escapar, pero él sabe que ahora no es momento de dejarle salir.

Así que, lentamente, niega con la cabeza.

La directora cierra el puño con fuerza alrededor del bolígrafo con el que firma el acta de expulsión de Joseph y la desliza sobre la mesa hacia él.

—No puedes acercarte a un radio de quinientos metros del instituto en los próximos tres días. Esto es para tus padres —añade, entregándole también un sobre cerrado—. Cuando el periodo de expulsión haya terminado, quiero tener una reunión con ellos.

Joseph asiente, recoge sus papeles, se levanta y da media vuelta para salir del despacho.

Cuando ya ha avanzado unos cuantos metros por el pasillo, escucha a sus espaldas el repiqueteo de los pasitos del Rata intentando alcanzarlo.

—Espero que con esto aprendas a dejar de meterte en líos —le dice, al pasar junto a él, con una sádica sonrisa en los labios.

Es evidente que está muy satisfecho, pero Joseph no tiene claro si es porque así consigue que Viper y su banda le dejen en paz o, sencillamente, porque disfruta con el sufrimiento ajeno.

En realidad, le da igual.

Porque, aunque debería sentirse mal, no se siente mal.

Porque, aunque debería tener miedo, no lo tiene.

Ya no.

Por primera vez en mucho tiempo, se siente libre. Y, mientras camina con la cabeza bien alta hacia la salida del instituto, los murmullos que escucha a su paso le dan alas.

«Ha sido él.»

«El que le ha plantado cara a Viper.»

«Él solo, te lo juro.»

«Le ha tumbado sin tocarle un pelo.»

«¡Más potente que las letras de Lyzard!»

Joseph se refugia debajo de la capucha de su sudadera, en parte para no llamar más la atención pero, sobre todo, para ocultar la sonrisa que se le dibuja involuntariamente en los labios.

Justo cuando está a punto de salir por la puerta, Joseph nota una mano en el hombro y se da media vuelta, como impulsado por un muelle.

Alerta.

—Ha ido bien, ¿no? —le pregunta Frank.

A su lado está Anne, con una cara que Joseph no sabe si es de admiración o de preocupación.

—Sí, genial. Tengo tres días de vacaciones —responde Joseph, con la sonrisa aún en la cara.

—Estás de coña. Si te hubieran echado del instituto no estarías tan contento —comenta su mejor amigo, que no se lo termina de creer.

Joseph le enseña el acta de expulsión.

—Joder, ¡que te han echado de verdad! ¡Pero si no le has tocado ni un pelo! ¡Todo el mundo lo sabe! —Frank señala a su alrededor—. La gente no habla de otra cosa, tío. ¡Eres el superhéroe del instituto!

El superhéroe del instituto... No va a haber quién aguante a Andrew después de esto. Seguro que le echa la bronca en cuanto llegue a casa por haberse hecho el héroe otra vez sin disfraz.

Sonríe.

Pero, en el fondo de su mente, Joseph nota un pellizco helado.

Un recordatorio de que ha vuelto a exponerse innecesariamente.

No, innecesariamente, no.

Por Anne.

Mientras las palabras de Frank brotan a borbotones, Joseph busca su mirada.

Con los ojos, Anne le dice que le ha perdonado.

Le da las gracias.

Y un calor inesperado le invade y se lleva consigo todos los escalofríos.

—Frank, tío, me tengo que ir —Joseph interrumpe a su amigo—. Te recuerdo que me han expulsado.

Su amigo calla y él se va.

Mientras camina por las calles de la Ciudad, tiene la sensación de que es una ciudad nueva. Pero, en cuanto pisa la zona deshabitada, se da cuenta de que el que es una persona nueva es él.

Se siente eufórico, pero también sabe que no puede volver a casa en una nube y presentarse así delante de sus padres, hinchado como un pavo, y darles la noticia de que ha sido expulsado del instituto mientras ellos intentan recomponer la panadería que les han destrozado por su culpa.

Necesita desfogarse, liberar el exceso de energía, disfrutar de su victoria.

Joseph decide ir al gimnasio de M. En casa todavía no le espera nadie y el ejercicio le sentará bien. Además, está impaciente por contarle que ha aprendido a boxear con las palabras, que ha convertido sus versos en puñetazos.

Seguro que M entiende cómo se siente, y él va a necesitar ese apoyo para enfrentarse a lo que viene después.

Joseph se para un momento en medio de la calle y alza la cara al cielo.

La sombra del dragón le parece hoy un poco menos gris.

El cartel luminoso de la Compañía que corona el edificio junto al que se ha parado no impide que el sol que se cuela entre las nubes llegue hasta él.

Joseph se mueve un poco y se coloca debajo de la luz.

Y, de repente, nota un dolor agudo en la parte baja de la espalda y el cielo vuelve a nublarse rápidamente.

Cae al suelo de rodillas, y frente a su cara ve la bota que acaba de estrellarse contra sus riñones.

—Levántate, niñato —le ordena una voz profunda.

Joseph obedece.

No necesita levantar la vista para saber que es la voz de Sego.

En cuanto se pone de pie, un puño le azota las costillas y otro se le encaja en el estómago.

Sego no está solo. Le acompaña su Banda.

Joseph intenta recordar las enseñanzas de M, pero las hormigas han abandonado sus puños, la cabeza le da vueltas y las piernas no le sostienen.

Se dobla sobre sí mismo.

Vomita.

Alguien aprovecha y le golpea en las corvas.

Joseph vuelve a caer al suelo.

—¡He dicho que te levantes! —ordena Sego.

Joseph apoya las manos en el asfalto, pero es incapaz de empujar su peso. No tiene fuerza.

—Vaya, parece que por el camino se te han perdido los huevazos que tenías esta mañana, ¿no? —Sego se ha acuclillado frente a él y le sostiene el mentón. Le mira a los ojos—. Entérate, imbécil: los valientes no duran mucho tiempo. O estás con nosotros o te callas la puta boca —Sego le clava la uña en el labio partido, y hurga con saña en la herida, aún fresca—. Última advertencia. Si no, volveremos a pasarnos por tu mierda de panadería. Y no va a ser solo para romper cristales.

Joseph escucha. Y, aunque sabe que no debe hacerlo, le sostiene la mirada a Sego.

No puede evitarlo.

Algo le quema por dentro.

Sin dejar de mirarle a los ojos, Joseph acumula toda la saliva que consigue reunir y estrella un escupitajo sanguinolento contra el suelo, a sus pies.

La cara de Sego se transforma en una mueca de odio y furia.

Dirige un puño directo a la sien de Joseph que le hace perder la consciencia.

Y reduce a pequeñas chispas el fuego que arde en su interior.

Estribillo

A casi todo el mundo le da miedo la oscuridad.

Seguro que a ti también.

Venga, piénsalo.

No vale que pienses en esa oscuridad que te arropa cuando ves una película en el cine, en esa oscuridad en la que los besos saben mejor, no.

Piensa en una oscuridad repentina y profunda, la que inunda un pasillo cuando la luz se va sin previo aviso, la hipnótica oscuridad de un pozo negro que parece no tener fondo.

Piensa en ese tipo de oscuridad que parece no terminar nunca, que difumina la noción del tiempo y el espacio.

Piensa en esa oscuridad silenciosa en la que podría ocultarse cualquier cosa.

En esa oscuridad que podría volverte loco, pararte el corazón de miedo puro.

No te gusta, ¿verdad?

A mí tampoco.

Aunque a él sí solía gustarle, ahora se siente atrapado.

Está perdido en un túnel de negrura. Corre, corre, corre, pero no consigue llegar al final.

Como en uno de esos sueños en los que uno es consciente de estar soñando pero es incapaz de despertar.

Está atrapado en su propio cuerpo.

Y, atrapado, busca las brasas de una hoguera que sabe que una vez ardió en su interior.

Estuvo ahí.

Aún huele el humo.

El aroma del carbón quemado.

Las cenizas.

En este momento, seguramente a ti y a mí se nos vendría el mundo encima, nos retorceríamos desesperados, incapaces de respirar.

Nos dejaríamos vencer por el pánico.

Gritaríamos.

Pero él no.

Porque él sabe que la oscuridad es su elemento.

Piénsalo.

Seguro que en cuanto vuelva la luz, te entrará la risa nerviosa y te preguntarás cómo has podido tenerle miedo al pasillo.

Seguro que el agua del fondo del pozo es deliciosa y refrescante, y alivia tu boca, seca a causa del miedo.

En el fondo, la oscuridad nos provoca terror porque es el espacio donde habita lo desconocido.

Y nos aterra la posibilidad de lo que pueda albergar.

Pero a él no.

Porque él ya lo sabe.

En la oscuridad habita su valentía.

Las palabras como murciélagos que compone de noche.

Que acechan a los monstruos con sus dientes diminutos y sus alas correosas.

Las ha visto en acción.

Dardos en el papel, fuego en la boca.

Capaces de tumbar sin necesidad de usar la fuerza.

Pero también de encender el odio de serpientes y dragones.

De poner en peligro a los que más quiere.

Una parte de él quiere quedarse en esa oscuridad que domina, donde se siente tan cómodo.

La otra quiere salir a la luz.

Una quiere luchar, la otra esconderse.

Ahora que sabe que los monstruos que viven en la luz sí se matan con palabras…

No sabe si salir de su cuerpo.

O quedarse en la oscuridad.

SEGUNDA ESTROFA

16.

Joseph siente que las tres últimas semanas han sido completamente irreales, como si las hubiera vivido otra persona, como si pertenecieran a otra vida.

De esas tres semanas, una la ha pasado en el hospital, prácticamente inconsciente. Esa semana fue la buena.

Al principio de la segunda, los médicos le mandaron a casa hecho un amasijo de moratones, cortes y contusiones. No ha vuelto a salir de su cuarto desde entonces. Pasa todo el tiempo tumbado en la cama, durmiendo durante los pocos ratos en los que el dolor de cabeza le concede algo de descanso.

Eso, por el día.

Porque, por la noche, el dolor se multiplica por mil.

Cuando despierta por las mañanas no recuerda haber pasado la noche en vela, pero tampoco tiene la sensación de haber descansado nada. A veces ve destellos frente a los ojos, luces intensas que caracolean en su retina y llenan su mente. En esos momentos, tiene que taparse la cabeza con la almohada y refugiarse en la oscuridad, intentar que el invisible taladro deje de perforarle las sienes. Y, entonces, ya no es capaz de distinguir si está dormido o despierto.

Tampoco recuerda levantarse a escribir, pero de vez en cuando encuentra sobre la mesa algunos folios garabateados en un lenguaje indescifrable. Se pregunta si los signos tendrán algún significado, pero lo cierto es que mirar esas hojas arrugadas hace que se sienta incómodo, avergonzado. Así que todos acaban hechos una bola en el fondo de la papelera.

Lo que sí recuerda es a su hermano, sentado junto a su cama durante horas. Mirándolo en silencio, como un perro guardián.

También recuerda haber recibido dos visitas.

Recuerda la abrumadora presencia de M, un cuerpo muy grande en una habitación demasiado pequeña. M dijo que esperaba verle pronto por el gimnasio, pero él no tiene ninguna intención de volver a aparecer por allí. Nunca más. La visita le dejó un sabor triste en el paladar mezclado con el amargor de las medicinas. Sabor a despedida.

Pero, sobre todo, recuerda la visita de Anne. Primero, le enseñó un vídeo en el que Frank le deseaba que se mejorara. Después le contó que su padre había conseguido engancharse ilegalmente a la red eléctrica y que, de momento, seguirían viviendo en su piso de siempre. No sabía durante cuánto tiempo. Cuando notó que se le quebraba la voz, Anne dejó de hablar. Joseph recuerda verla sentada en la cabecera de la cama mientras le acariciaba el pelo y la frente. Que el contacto de sus dedos calmó su dolor de cabeza más que cualquier medicamento. Recuerda dormir un sueño tranquilo, sin destellos, luces, ni colores. Cuando despertó, Anne ya no estaba. Recuerda que quiso llamarla, pedirle que se quedara con él, que disolviera el dolor con sus dedos mágicos.

Los últimos siete días han sido como una fiebre intensa, de esas que dejan el cuerpo apaleado y la voz temblorosa. Se siente algo más fuerte, pero las migrañas siguen visitándole con cada movimiento brusco, con más violencia cada noche. Y Joseph no quiere sentir más dolor, así que lo único que hace es quedarse quieto en la cama.

Impotente.

Inútil.

Roto.

Vencido.

Ha sido un auténtico imbécil. En cuanto abrió los ojos, se dio cuenta de la cantidad de estupideces que había cometido en tan solo dos días. A la cantidad de gente que había puesto en peligro.

Él no es Lyzard.

Y la Ciudad en la que vive no es lugar para valientes. «Los valientes aquí no duran mucho», le advirtió Sego antes de mandarle a dormir de un solo golpe.

Por eso, en la Ciudad solo hay matones y cobardes.

Matones como Sego, como Viper.

Cobardes como él.

Cazadores y presas.

No es una impresión suya. Las pocas veces en estas semanas que ha tenido fuerzas para levantarse de la cama y ponerse delante de la televisión o del ordenador, las noticias le han dado la razón. En los informativos, en los periódicos, no dejan de sucederse titulares que hablan de que varios distritos se han quedado directamente deshabitados, que el número de crímenes violentos no hace más que crecer, que todos los días la policía intercepta un alijo de drogas, que a medida que la gente abandona la Ciudad, desesperada, la Compañía es cada vez más dueña de la Ciudad.

Todas estas noticias se traducen en imágenes en su mente. En la de un buitre gigantesco y nauseabundo que ronda al dragón dormido, esperando a darse un festín con su carne, en una manada de ratas que se ceban y engordan, alimentándose con los restos de la ciudad.

Estas imágenes le provocan también dolor de cabeza. Penetrante como el aguijón de una avispa, se le clava en las sienes y en el centro de la frente, torturándole.

Joseph se incorpora con muchísimo esfuerzo. Tropieza. Apoya la mano en el respaldo de la silla y consigue mantener el equilibrio. Sale de su cuarto.

—¡Joseph! —su madre aparece por el pasillo, alarmada—. ¿Estás bien?

—Sí, sí… Es que está empezando a dolerme la cabeza.

—Ya te he dicho que no te levantes, hijo. El médico…

—¡Ya lo sé, mamá! ¡Déjame respirar un rato tranquilo, por favor!

Se arrepiente inmediatamente. No puede tratarla así. No se lo merece. No, después de lo que le ha hecho a su familia. Pero es que le duele tantísimo la cabeza…

—¿Adónde vas, hijo? —pregunta su madre.

—A por una pastilla.

—Yo te la llevo.

—No, mamá. Ya lo hago yo, gracias.

Tambaleándose, Joseph entra en la cocina. Coge un calmante y se lo mete en la boca con un poco de agua. Traga. Cada sorbo, cada movimiento, trae consigo mil agujas que le perforan el cráneo.

Mientras apura el vaso, su vista se posa en el cajón que hay justo debajo del de los cubiertos. Lo abre y revuelve en su interior. Cuando encuentra lo que busca, cierra el puño, deja el vaso y se dirige a su habitación.

Aunque su madre le pide por favor que no eche el pestillo, Joseph la ignora. Se encierra. Él dentro, todos fuera. Pasa el resto de la tarde dormitando, intentando descansar y mantener a raya el dolor.

Cuando despierta, no sabe cuántas horas han pasado, pero es de noche.

La casa está en silencio. Todos duermen.

Se acerca a la ventana, la abre. Luego, se agacha y del último cajón del escritorio saca las pocas composiciones que aún conserva, escritas en noches de insomnio mucho mejores que esa. Coge los folios con dos dedos, como si sostuviera algo absolutamente repugnante, y los deja caer dentro de la papelera de metal. Después, abre el puño de la otra mano, cerrado desde que ha salido de la cocina, y mira durante un segundo el pequeño mechero. Hace rodar el pulgar sobre la ruedecilla hasta que ve que de la punta brota una llama azulada.

Sentado en el alféizar de la ventana, Joseph se dedica a ver cómo arden, una a una, sus estúpidas esperanzas de marcar la diferencia.

17.

Aunque es tarde, nadie ha venido a despertarle todavía.

Se levanta trabajosamente, sale de su cuarto y recorre una a una las demás habitaciones, pero la casa, iluminada por un radiante sol de domingo por la mañana, está vacía y en silencio. Seguramente su familia quería dejarle descansar (eso es lo único para lo que sirve ahora), seguramente por eso no le han avisado.

Su ausencia solo puede significar que la panadería vuelve a estar abierta.

Las avispas que le zumban en la cabeza le dan un segundo de tregua cuando se da cuenta de que una parte de su vida parece haber vuelto a la normalidad.

De repente, el telefonillo suena y el silencio se rompe en mil pedazos.

Es Frank.

—¿Joseph?

Carraspea. Tiene la boca seca, siente la voz como oxidada en la garganta. Antes de hablar, traga, y es como si su saliva arrastrara consigo un montón de hojas muertas.

—No, soy su mayordomo —bromea, sin ganas—. ¿Puedo ayudarle en algo?

Frank ríe. Una risa sincera, aliviada.

—¿Cómo estás?

—Como la mierda.

—No esperaba menos. Venga, tío, abre. Queremos verte.

—¡Hola! —dice Anne.

—No, mira, Frank, es que…

—No digas más —le corta él, fingiendo escandalizarse—: estás sin duchar y vestido con ese lamentable pijama de cuadros azules.

—No… —Joseph intenta inventar una excusa—. Mi madre…

—Tu madre ya sabe que hemos venido. ¡Ah! Y ha insistido (mucho) en que nos pongas de desayunar cruasanes con chocolate. Los de la bolsa que pone «Frank».

Esta vez es Joseph el que ríe. Aunque hablar le supone un esfuerzo sobrehumano, se sorprende al descubrir que las avispas ya no le aguijonean el interior del cráneo. Solo zumban. Como si aún siguieran dentro, pero ya no les quedara nada que picar.

—Tragón —dice, y pulsa el botón que abre el portal.

Oír la volcánica voz de Frank le ha ilusionado. Le ha hecho recordar lo mucho que echaba de menos a sus amigos y que lleva días atrapado en un barro muy negro, compuesto a partes iguales por días de dolor y noches en vela. Se ha dado cuenta de que está harto de estar solo, de tener los ojos clavados en el techo de su diminuto cuarto, de intentar matar avispas imaginarias a golpe de frustración.

Está harto de estar roto.

Por el hueco de la escalera ve aparecer a Frank. Sube los escalones de tres en tres con una mochila a la espalda y, sin decir nada, lo abraza por la cintura y lo levanta en el aire como si fuera un saco de harina.

—¿Qué pasa, colega? —le dice, sacudiéndole— ¡Te me has quedado en los huesos!

—¿Pero qué haces, bestia? —lo regaña Anne en cuanto pisa el rellano—. ¡Que no puede hacer movimientos bruscos!

—¡Joder! —Frank deja a Joseph en el suelo—. Perdona, tío… Me he emocionado.

—¿Estás bien? —pregunta Anne.

Joseph compone una enorme sonrisa.

—Ahora que estáis aquí, mucho mejor.

Lo dice en serio.

Frank entra en la casa sin pensarlo dos veces. Anne, en cambio, permanece inmóvil a su lado e inspecciona su rostro con sus ojos grandes y silenciosos. Se acerca para acariciarle la cara pero, antes de llegar a rozarle la piel, aparta la mano y la oculta en el bolsillo de la chaqueta, avergonzada.

—Venga, pasa —Joseph la empuja delicadamente—. No te quedes en la puerta.

Cuando entran, Frank ya está repantingado en el sofá.

—Bueno, ¿qué hay de esos cruasanes? —dice, palmeándose el vientre.

—¡Eres un pozo sin fondo! —Anne se sienta a su lado y le clava el codo en las costillas.

Joseph ríe otra vez.

—Tranquilo. Seguro que mi madre te trae unos cuantos. Parece que hoy es el primer día que abren la panadería desde… *—desde el día en que Sego casi me mata.* No lo dice en voz alta—. Deben de haber terminado ya de arreglarla.

—Nos ofrecimos a ayudarles, pero no nos dejaron —dice Frank.

—Porque, si te dejan solo en el almacén, nos arruinas el negocio —bromea Joseph.

Los tres se echan a reír, pero la atmósfera no tarda en impregnarse de un incómodo silencio. Silencio que Frank rompe, ansioso como siempre, con una pregunta más incómoda todavía.

—Joseph… Lo que te pasó… Ha sido por mi culpa, ¿verdad? —las palabras salen atropelladamente de su boca, como si llevaran atascadas ahí dentro mucho tiempo.

Anne clava la vista en el suelo. Seguro que ella también se siente culpable.

Joseph nota cómo el aguijón de las avispas se le vuelve a clavar entre los ojos, pero aprieta los dientes y hace un esfuerzo por que nadie lo note.

—No —responde con voz ronca y seria—. Lo que pasa es que no sé cuándo callarme la puta boca. Me lo tengo bien merecido.

—Eso es una gilipollez, y lo sabes —Frank, el mismo Frank que nunca se toma nada en serio, tiene la frente marcada por dos profundas arrugas—. Tío, eres un héroe. Y, sí, puede que te hayas llevado una paliza, pero lo que de verdad importa es que le has plantado cara a esos cabrones.

—Para lo que ha servido…

—Joseph… —dice Anne—. Las cosas han cambiado desde que te fuiste.

—Sí, tío. Todo el mundo sabe lo que has hecho. La gente no para de hablar, y esos cerdos andan nerviosos de cojones.

—Es verdad, Joseph —remata Anne—. Ahora hay más como tú.

—¿Qué? —Joseph mira a sus amigos, sin comprender.

Se miran entre sí y luego lo miran a él. Frank abre la mochila y saca un portátil de su interior.

—Vamos, vamos, vamos… —dice Frank, impaciente, mientras el ordenador arranca.

El volcán vuelve a hacer erupción y su amigo empieza a teclear frenéticamente. Incluso Anne parece emocionada. Joseph se siente súbitamente intrigado por la contagiosa energía de sus amigos. Esta no es solo la visita que se le hace a un enfermo.

—¿Pero qué pasa?

—Tú escucha —dice Frank, girando el ordenador hacia él.

La música inunda el salón de su casa y los tres observan en silenciosa comunión las imágenes que van sucediéndose en la pantalla. Como si un río de agua fría y pura lo limpiara de la cabeza a los pies, Joseph siente cómo el dolor, el miedo y la culpa desaparecen poco a poco y un calor que creía olvidado inunda su pecho.

Las avispas se callan.

Y los murciélagos echan a volar.

18.

Se mueve sigiloso, como un susurro.

Es un animal salvaje, un gato callejero.

Conoce la cuadrícula de la Ciudad como la palma de su mano. Se orienta casi a ciegas por los callejones más oscuros, iluminados solo por la luz de la luna.

En los rincones a los que ya nadie se atreve a asomarse, él se siente a sus anchas.

Se mueve y observa, los ojos abiertos de par en par y los oídos alerta.

Se mueve y observa, protegido por la oscuridad, su medio natural, su oxígeno, su alimento.

Se mueve y observa, sin que nadie sepa que está ahí.

Es una sombra.

Es un fantasma.

Es la noche.

Camina por los callejones, recorre el bosque de edificios muertos en los que ya nadie quiere vivir, se asoma al interior de los coches abandonados, cruza la plaza habitada por los esqueletos oxidados de los columpios, pasa junto al escaparate de un local sencillo de gente sencilla que ya no se siente a salvo en su propia ciudad. Un escaparate tapado con tablones de madera astillada.

Levanta la vista y desafía con la mirada a la silueta de la Fábrica. Al dragón.

Sonríe.

Escucha ruidos al fondo de una calle y se acerca tan sigilosamente que parece que no pisara el suelo.

Los intuye. Oye sus carcajadas como ladridos. Los escucha conspirar.

Son muchos. De uno en uno no sumarían ni un gramo de valor.

Son muchos. De uno en uno no se sentirían tan fuertes, tan impunes.

Son muchos. No los suficientes.

Porque, por debajo de sus carcajadas y sus fanfarronerías, huele su miedo.

Se mueve. Se acerca.

A los que se esconden en la noche para planear cómo aterrorizar a la ciudad de día.

Los acecha.

A los que quieren que todo sea suyo.

Los ve.

Pero ellos no le ven a él.

Sonríe.

No les tiene miedo.

Memoriza sus rostros, sus voces, sus movimientos.

Piensa perseguirlos.

Piensa desenmascararlos, uno por uno, y hacerles frente.

Se mueve, observa y escribe.

Transforma todo lo que ha visto en palabras.

Y las firma.

Cinco letras pintadas con espray blanco sobre una superficie oscura.

Cinco letras que se convierten en un grito capaz de remover conciencias.

Su nombre de guerra:

DARKO.

***

Esa noche, Joseph se siente incómodo dentro de su piel.

Y, cuando despierta, está hecho polvo.

Tiene los músculos agarrotados y un dolor sordo le golpea como una maza justo encima de las orejas. Se masajea la frente con los dedos, estira los músculos del cuello y sacude la cabeza para deshacerse de la sensación de sueño, pero se arrepiente en cuanto el dolor que le perfora el cráneo se convierte en huracán.

Esta noche tampoco ha descansado. Ha tenido sueños extraños, intranquilos, salvajes. Vuelve a invadirle la misma sensación de pesadez, de haber dormido sin dormir, que experimenta desde hace semanas por culpa de las medicinas. Ojalá pudiera prescindir de ellas, volver a ser dueño de su propio cuerpo.

Sin embargo, esta noche es distinta.

Esta noche, aunque las avispas no dejan de zumbar en el fondo de su cabeza, el chillido de los murciélagos es mucho más fuerte.

Tanto, que tiene que levantarse de la cama.

Se pone los auriculares y enciende el ordenador.

Se sumerge en la luz azulada de la pantalla.

Joseph no puede apartar los ojos de esa silueta encapuchada, de esa masa de sombra que parece fundirse con el color oscuro de la pared que tiene detrás. Del agujero negro que tiene en vez de cara.

La silueta no tiene rasgos, pero no le hace falta. Detrás de ella, sobre su cabeza, cinco enormes letras pintadas con espray blanco: «DARKO».

Vuelve a reproducir el vídeo. A través de los auriculares, suena la canción que ha escuchado en bucle desde hace horas, desde la erupción del volcán Frank.

> ¿Lo llevo escrito en mi piel? ¿Nada es lo que puedo hacer?
> Hoy te equivocas, mi boca escupe en las botas de usted,
> vengo a romper las reglas de tu juego, muevo mis pies,
> hoy vengo a ser las grietas de tu suelo, vuelvo a caer
> como un misil sobre ti, por mí y por los míos,
> si ayer nací y fue aquí, amo este sitio tan frío.

Frank dice que Darko es en realidad Lyzard. Que se ha disfrazado para poder criticar lo que pasa en su ciudad sin tener problemas con las bandas.

Pero Joseph no lo cree.

Hace tiempo que Lyzard dejó atrás la Ciudad, pero el encapuchado canta sobre cosas que ellos ven a su alrededor todos los días. Y, sobre todo, canta con una fuerza y una rabia muy profundas. No habla de algo que alguien le ha contado, habla de algo que vive en carne propia todos los días. Ha olido la carne podrida del dragón, ha sentido el acecho del buitre, ha sufrido los mordiscos de las ratas.

Joseph está convencido de que Darko vive en la Ciudad.

Las palabras penetran en sus oídos, se abren camino hacia el interior de su mente y se clavan como espinas en su conciencia. Los murciélagos chillan. Las avispas, celosas, empiezan a hacer de las suyas y las sienes vuelven a latirle con un dolor insoportable.

Pero no tan insoportable como para no intentar algo.

Joseph coge un papel y un bolígrafo y, sin dejar de escuchar (por millonésima vez) la canción de Darko, deja que los murciélagos fluyan libres por su brazo.

Escribe.

No consigue hacerlo durante mucho tiempo, al poco el dolor de cabeza lo obliga a dejar de nuevo el bolígrafo sobre la mesa. Apoya la frente contra la superficie del escritorio y permanece inmóvil hasta que las olas se calman. Mira la cama deshecha, y luego el reloj. Las cuatro menos veinte de la mañana.

No va a ser capaz de volver a dormirse.

Pero no le importa.

En la superficie de la mesa, ve el folio lleno de borrones azules. De palabras.

En el monitor, ve la silueta espectral de Darko. Mirándole. Retándole.

En medio de su dolor, ve esperanza.

Eso le da la fuerza que necesita.

Se levanta, abre la puerta de su cuarto y sale al pasillo.

—¿Joseph?

—Hola, mamá.

—¿Te duele la cabeza? —pregunta, preocupada—. ¿Necesitas un calmante?

—No, no —miente—. Me he levantado pronto para ir con vosotros a la panadería.

Sus propias palabras le sorprenden. Lo ha dicho sin pensar.

—¿Seguro, hijo? Porque con Andrew nos apañamos bien… No hay ninguna prisa… —dice su madre. Sin embargo, de alguna forma parece aliviada.

—Sí, mamá, estoy seguro —responde él, con una sonrisa.

A pesar del dolor y la falta de descanso, Joseph se cree sus propias palabras. Se siente animado, se siente bien.

La reacción de su padre y de su hermano es muy parecida a la de su madre.

Si Joseph se ha levantado para ayudarles, significa que está mejor.

Significa que las cosas vuelven a la normalidad.

Significa que todo vuelve a ir bien.

Los cuatro desayunan sin hablar, como siempre.

Solo que, esta vez, el silencio que les envuelve parece más ligero.

19.

La distancia que separa la casa de la panadería es de apenas medio kilómetro. Joseph intenta parecer fuerte y disimular su dolor, pero ya en las escaleras del portal queda claro que todavía falta mucho trabajo para que se recupere del todo.

Ni sus padres ni su hermano dicen nada.

Mientras su padre abre la persiana metálica y su madre vigila con mil ojos en todas las direcciones posibles, Joseph se da cuenta de que la panadería también va a necesitar algo de tiempo para volver a ser la que era. La herida más evidente es la de la luna del escaparate, aún cerrado con los tablones de palé del almacén. Joseph daba por hecho que sus padres ya la habrían arreglado pero, por alguna razón, verla así tampoco le sorprende lo más mínimo. Acaricia la astillada madera con una mano y, aunque hace casi un mes que no pone un pie en la panadería, tiene la extraña sensación de haber estado allí hace muy poco.

De repente, un estruendo, lejano aunque perfectamente audible, los sobresalta. Puede haber sido cualquier cosa: un gato saltando sobre la rejilla de una alcantarilla, una corriente de aire cerrando una puerta, hasta el sonido amortiguado de una televisión. Pero son las cuatro y media de la mañana, en el cielo ni siquiera brilla la luna y el miedo es algo innato en ellos, un virus que galopa desbocado por sus venas desde que el dragón dejó de respirar. El padre de Joseph se apresura a abrir la persiana metálica y su madre empuja a Joseph y Andrew dentro de la tienda, respirando apresuradamente. Ninguno se relaja hasta que la puerta está bien cerrada y toda la familia dentro, con todos los músculos del cuerpo tensos por el miedo.

Cuando por fin los ánimos se calman, Joseph intenta volver a la normalidad, haciendo todo lo posible por concentrarse en una sola tarea cada vez: enciende las máquinas, calienta los hornos, mezcla los ingredientes. Así es como consigue que el dolor le resulte soportable, que las avispas zumben menos.

Poco a poco, piensa.

Va tan lento que solo tiene tiempo de preparar una hornada antes de que su madre venga a buscarle. El tiempo se le ha pasado volando.

—Joseph, deberías irte a casa —le dice, poniéndole una mano en el brazo—. Podemos seguir nosotros.

—No, mamá. Hoy quiero ir a clase.

Vuelve a sorprenderse. Por lo visto ha decidido muchas cosas durante la noche.

—Joseph, tío, tómatelo con calma —su hermano se limpia el sudor de la frente y lo mira con preocupación.

—No, no. Quiero ir a clase. Lo necesito.

—Necesitas recuperarte —insiste Andrew.

—Ya me encuentro mucho más fuerte.

—Pues yo no te veo más fuerte, te veo hecho una auténtica mierda —Andrew frunce el ceño—. Además, deberías esperar a que las cosas se calmen un poco si no quieres que vuelvan a partirte la cara.

—Un poco tarde para eso, ¿no te parece? —contesta Joseph.

—¿Te hace gracia, o qué?

—Andrew, ya vale —intenta tranquilizarlo su madre.

—No, no vale. ¡Podrían haberle matado! —responde él, dando un golpe en la mesa—. Pero parece que no ha tenido suficiente.

Silencio.

—¿Qué nombre querías ponerte? ¿Harinaman? —Andrew sigue hablando, cada vez más enfadado—. Pues, mira, aquí hay un montón de sacos de esos que nos rajaron tus amiguitos. Te hacemos una capucha y una capa en un momento, y así a lo mejor tenemos suerte y podemos volver al hospital para seguir viéndote comer por una pajita durante otros quince días. ¿Qué te parece?

Joseph se tapa los oídos con las manos hasta que la voz de su hermano se convierte en un zumbido sordo. Cuando el dolor de cabeza vuelve a calmarse, dice:

—Mamá, ¿puedes llamar a Frank mientras me ducho y decirle que pase a buscarme?

Su madre no dice nada. Lo mira con unos ojos enormes que Joseph no sabe cómo interpretar y desaparece con pasos cortos y rápidos por la puerta del obrador. Un minuto más tarde, vuelve a entrar y, con una expresión llena de cariño, le tiende una bolsa caliente y le besa en la frente. Hace lo mismo con su hermano.

—Vuestro padre ha ido a por el coche —le dice—. Hoy os lleva él.

—¡Joder! —resopla su hermano, haciendo una bola con el delantal y tirándolo con fuerza al suelo.

Joseph no dice nada. No quiere ser una molestia. Pero la verdad es que, tal y como ha ido la mañana, sabe que lo mejor es dosificar un poco los esfuerzos, así que no protesta.

Poco a poco.

El viaje es tenso. Solo sacar el coche a la calle ya es todo un riesgo, no sería la primera vez que alguien se lo intenta robar a punta de pistola en la misma puerta del garaje, por eso intentan no usarlo a menos que sea absolutamente necesario, pero, sobre todo, el viaje es tenso por el enfado que su hermano rumia en el asiento de atrás desde que han salido y que se hace más y más grande con cada segundo que pasa, llenando el espacio entre ellos, contaminando la atmósfera como una nube negra.

Cuando el coche está a menos de dos calles del instituto, Joseph llena los pulmones de aire como si quisiera decir algo importante.

—¿Estás bien? —se alarma su padre—. ¿Te duele algo?

—Para aquí, por favor —pide.

Su padre empieza a frenar inmediatamente y detiene el coche junto a la acera, a dos calles del edificio. Están muy cerca, pero no demasiado.

—Nos damos media vuelta ahora mismo, hijo —dice su padre, con las manos cruzadas sobre el volante—. Tu hermano tiene razón, es demasiado pronto.

Joseph se acaricia la frente y con la otra mano envuelve las de su padre.

—No... —aprieta suavemente, pero con firmeza—. Estoy bien, de verdad. Es que...

Su mirada traspasa la luna del vehículo y se fija en la marea de estudiantes que la puerta del instituto va devorando uno a uno. Nadie va a clase en coche. Nadie. Y, aunque él tiene la capucha echada y duda que alguien sea capaz reconocerle a esa distancia y a través de la espesa capa de polvo que cubre los cristales, las miradas furtivas que empiezan a clavarse en el coche de su padre le dan a entender que su regreso está siendo demasiado llamativo.

Y eso es precisamente lo que quiere evitar.

—Es que me he mareado un poco con tantas curvas —dice al final.

Es mejor que me baje aquí.

—Venga, pues bájate para que te dé un poco el aire.

Lo entiendo, hijo.

Su padre finge que no pasa nada, que no está preocupado por Joseph. Finge no darse cuenta de que su hijo está muerto de miedo.

Joseph le agradece el gesto con una sonrisa silenciosa. Después, abre la puerta y, cuando ya tiene una pierna fuera del coche, se gira de nuevo hacia él.

—Oye, papá...

—Daos prisa —le corta él, suavemente—. Tengo que volver corriendo a la panadería, que vuestra madre está sola.

Te quiero, hijo. Estoy orgulloso de ti.

—Vale —responde Joseph.

Gracias, papá.

Joseph se baja un poco más la capucha, sale todo lo deprisa que puede del coche y se interna en el río de alumnos que cruza la calle.

Espero que sepas lo que haces.

20.

Durante un rato, Joseph piensa que alguna fuerza invisible ha escuchado sus plegarias. Durante un rato, nadie parece fijarse en él, nadie le reconoce, nadie hace ningún comentario.

Pero su capa de invisibilidad se desintegra en cuanto se acerca al control.

«¿Ese no es…?»

«… cogió a Viper y…»

«Valiente…»

A pesar del cansancio, de la debilidad, del dolor, cuando esta mañana se ha levantado de la cama, su miedo había desaparecido. Sentía que estaba preparado para volver a luchar, para volver a dar la cara. Sentía que los murciélagos volvían a revolverse inquietos en sus entrañas.

Ojalá ahora sintiera lo mismo.

Camina deprisa, con la cabeza agachada y las manos en los bolsillos. Su hermano no dice nada, pero Joseph está seguro de que va justo detrás de él, en silencio, pendiente de todo y de todos, cubriéndole las espaldas.

Por si acaso.

Espera en la cola hasta que llega su turno. Cruza el control, cruza el patio, cruza la puerta del edificio, negra como la boca del lobo. Procura que nadie le vea la cara.

Pero los murmullos no dejan de crecer.

«… una paliza que casi lo deja en coma…»

«¿Sego? ¡Tú flipas, tío!»

«Suicida…»

Joseph intenta no prestar atención y hace como si los murmullos no fueran con él, no hablaran de él, no lo juzgaran a él.

Como si no le importaran.

«¿Es uno de los del último curso?»

«¿No ves que anda como raro…?»

«Tú también andarías raro si Sego te hubiera puesto la mano encima.»

«Pues a mí me parece que tiene un par de huevos.»

Sus labios dibujan una leve sonrisa.

Porque, después de todo, sí que le importan. Y mucho.

Su sonrisa se ensancha cuando dos brazos que conoce bien se cierran alrededor de su cintura y lo levantan en volandas.

—¿Todavía sigues malito, o ya puedo hacerte esto? —le pregunta la volcánica voz de Frank a sus espaldas.

—Mientras el aterrizaje sea suave... —ríe él.

Frank lo deposita en el suelo con cuidado. Joseph se lo agradece.

—¿Por qué no nos dijiste que pensabas venir hoy? —Anne lo mira con sus enormes y eternamente preocupados ojos—. Habríamos ido a buscarte.

Por el rabillo del ojo ve que su hermano saluda con la cabeza a sus amigos y que, sin decir nada, se escabulle de su lado y se pierde entre la multitud. Ahora que está acompañado, Andrew puede seguir enfadado con él sin remordimientos.

—Es que yo tampoco lo sabía —responde Joseph. Y, dándole a Frank un puñetazo cariñoso en las costillas, añade—: Esta mañana me he despertado con ganas de seguir dando guerra, y aquí estoy.

Sus amigos permanecen un momento en silencio, mirándose entre sí, mirando a Joseph. Tenerle ahí de nuevo, verle en pie, sonriendo significa que está mejor.

Significa que las cosas vuelven a la normalidad.

Significa que todo vuelve a ir bien.

—Me alegro de que estés aquí —dice Anne. Apenas susurra.

—Oh, oh. ¡Firmes! Dictadora a las seis en punto —Frank arruga la cara, disgustado.

Cuando Joseph se da media vuelta, su mirada se topa con los ojos de hielo de la Directora. A medida que avanza por el pasillo, con expresión severa y vestida de negro de pies a cabeza, los murmullos de los estudiantes quedan silenciados por el eco de sus pasos sobre el pavimento. Detrás, el Rata intenta seguirle el ritmo tan rápido como puede.

Cuando la Directora repara en su presencia, los ojos grises parecen relajarse durante un segundo detrás de los cristales de las gafas. El cambio de expresión es prácticamente imperceptible pero, si Joseph tuviera que describirlo, diría que su gesto es de profundo alivio. La Directora aprieta el paso y, cuando se encuentra cerca de él, extiende la mano fugazmente y se la apoya en el hombro.

—Me alegro de verte, Joseph —su voz es neutra, pero el leve apretón le indica a Joseph que sus palabras son sinceras.

La Directora saluda con la cabeza a Anne y Frank y sigue su camino, implacable. Joseph la sigue con la vista hasta que su falda negra dobla la esquina.

Ella también está atrapada en este sitio, piensa.

Cuando el Rata pasa a su lado, lo mira de arriba abajo y le dedica una de sus retorcidas sonrisas de roedor.

—Espero que hayas aprendido la lección… —dice, señalando con la cabeza hacia el fondo del pasillo.

Joseph tarda un segundo en percatarse de la presencia, oscura y venenosa, al fondo del pasillo. Mientas un par de los matones que siempre lo acompañan pasan disimuladamente papelinas a los alumnos que se acercan con manos temblorosas y la mirada perdida a comprar su mercancía, un par de ojos, afilados como colmillos, lleva toda la mañana siguiendo con atención todos sus movimientos.

Lo miran como si quisiera abrasarlo desde la distancia.

Con una sonrisa torcida por la que asoma una lengua partida que se retrae en la comisura de los labios.

Viper.

Aunque intenta parecer indiferente, casi divertido, Joseph juraría que los ojos de serpiente de Viper vacilan cuando sus miradas se cruzan.

Muy poco, casi nada.

Casi tan poco como a él le tiemblan las piernas.

21.

Las dudas que ha sentido por la mañana no tardan en disolverse en las bromas de Frank y la risa de Anne. Aún escucha murmullos a su paso pero, contra todo pronóstico, la mayoría son de admiración. De gente que desearía haber tenido el valor para hacer lo mismo que él hizo.

A pesar de todo, muchos lo consideran una inspiración.

Cuando acaban las clases, mucho antes de lo que esperaba, le sorprende darse cuenta de que no ha vuelto a tener noticias de Viper.

Tampoco han venido a visitarle las avispas.

Joseph se siente bien.

Tanto, que decide aprovechar el día para terminar de curar todas sus heridas.

—Ni de coña vas al gimnasio —protesta Frank—. Tío, es demasiado pronto.

—¡Todavía no puedes entrenar, Joseph! —le grita Anne, más preocupada que seria.

—No, no puedo. Pero tengo que hablar con M —explica Joseph—. Si queréis venir conmigo, genial. Si no, me voy solo, pero me voy ya.

Joseph echa a andar con la mochila al hombro. Sus amigos, por supuesto, le siguen. Joseph sabe que no van a dejarle ir solo, y menos en el estado en que se encuentra. Cuando los tres amigos apenas se han alejado unos cuantos metros del instituto, una voz familiar llama su atención y los obliga a detenerse.

Una voz que le roba el sueño a Joseph desde el momento en que la escuchó por primera vez.

Darko.

Los tres amigos se miran entre sí y deciden acercarse al corro de gente apiñada alrededor del móvil que algún valiente se ha atrevido a llevar consigo al instituto.

Todos callan, todos escuchan.

Mientras las palabras incendian el aire.

Nacido de la ruina, entre escombros,
conozco el suelo demasiado bien para no darlo todo,
con el peso de la esperanza en mis hombros,
impulsado a lo más alto después de tocar el fondo.

—Es una canción nueva —confirma Frank—. Ha debido de subirla esta mañana.

—Joseph, ¿tú sabes quién es? —le susurra Anne.

—¿Yo? —responde él—. Ni idea.

—Joder, tío —dice Frank—, pues está claro que habla de ti.

Joseph no lo cree posible.

Su historia es demasiado pequeña, demasiado insignificante, como para que a alguien pueda importarle nada de lo que le ha ocurrido. No es más que otra gota de agua en el mar de injusticias de la Ciudad.

¿Verdad?

«¡Bien dicho!»

«Ese tío sabe de lo que habla...»

«Es como el que se enfrentó a Viper...»

«... Jonah, Joseph... No me acuerdo.»

Joseph intenta concentrarse en escuchar esos versos que lo golpean en el pecho como un martillo, pero no puede evitar sentirse fascinado por el tono de los murmullos que inundan el aire a su alrededor a medida que las palabras de Darko fluyen, las cabezas que asienten en silencio como para subrayar las injusticias que denuncia en su canción, por el poder hipnótico que tienen sus rimas.

Joseph percibe expectación y curiosidad.

Pero también ilusión.

Optimismo.

Esperanza.

Escucho el eco de tu voz callada,
en silencio, gritándole a la nada,

en silencio, como recordaba...

En silencio, hasta que el silencio se apagaba.

La voz de Darko hace que los murciélagos se revuelvan en su estómago, frenéticos.

Quieren volar.

Salir a la luz.

—Ojalá yo fuera como él... —susurra Joseph, en voz muy baja.

Solo Anne parece escucharle. Lo mira en silencio y le aprieta levemente la mano.

«Si quisieras, podrías», le dicen sus ojos.

No sabe qué pensar.

Joseph ya ha dado la cara y se la han partido. Eso le ha hecho darse cuenta de que hay demasiado en juego, demasiado que perder. De que las consecuencias de sus actos ahora van más allá de lo que pueda sucederle a él. Ahora hay demasiada gente a la que puede poner en peligro.

Por eso Darko no enseña la cara, por eso se oculta en las sombras como los personajes de los cómics de su hermano, por eso en sus vídeos no hay nada que permita identificarle.

Porque, aunque es cierto que sus canciones no mencionan ningún nombre, es más que evidente contra quién van dirigidos sus dardos.

Viper y su pandilla.

Sego y su banda.

Gente peligrosa.

Darko tiene miedo, piensa Joseph. Como él.

Sin embargo, en un rincón minúsculo de su mente otra voz le grita que se equivoca.

Que Darko le conoce.

Que conoce sus problemas y le importan lo suficiente como para darles su voz.

Que quiere cambiar las cosas.

Y que, para eso, necesita ser más fuerte que una persona. Necesita ser una idea.

Para que sus palabras sean puños.

22.

Hoy Joseph es una montaña rusa.

En el camino hasta el gimnasio de M, ha pasado del enfado a la sorpresa, de la sorpresa a la ilusión. Y ahora, a bordo de su atracción de feria particular, se precipita a toda velocidad por la pendiente que va de la ilusión al miedo.

Y cae en picado hacia la vergüenza.

Las avispas zumban en la trastienda de su cabeza.

Amenazan con volver a picarle.

Quizá es que, de camino al gimnasio, se ha reencontrado con demasiados fantasmas: un escalofrío le ha helado la sangre al pasar por el lugar donde Sego le dio la paliza, justo debajo de uno de los gigantescos carteles luminosos de la Compañía, que se despliegan por todas partes como las alas de una enorme ave carroñera.

Y luego está M, al que no ha visto desde que fue a visitarlo a su casa.

Joseph pensaba que hoy sería buena oportunidad para cerrar temas pendientes y enfrentarse a muchos de los fantasmas que no le dejan descansar.

Pero ahora, frente a la puerta del gimnasio, le asaltan mil dudas.

Porque Joseph va al gimnasio a despedirse.

A rendirse.

Joseph no quiere seguir defraudando a M.

Si es verdad que las palabras con las que se enfrentó a Viper son las que han inspirado a Darko, eso significa que ha conseguido hacer algún bien o, al menos, ha inspirado a alguien para que lo haga. Para él ya es bastante. Pero las marcas que aún le surcan el cuerpo son la prueba de que lo suyo no son los puñetazos, de que hay peleas que no puede ganar.

De lo contrario, habría sabido defenderse.

Los pensamientos cruzan a toda velocidad por su cabeza. En el silencio de su mente intenta encontrar el valor suficiente, las palabras adecuadas, para lo que tiene que hacer.

Pero el silencio muere de un disparo.

—¿Entonces no quieres que nos quedemos? —la voz de Frank le trae de vuelta a las aceras de la Ciudad. Su amigo no deja de mirar a un lado y a otro, nervioso, como si esperara un ataque inminente—. No te lo tomes a mal, pero por muy bien que te sientas, tú sigues hecho una mierda, y esta zona no es segura.

—Podemos esperar a que salgas, y acompañarte luego a casa —se ofrece Anne.

Joseph lo piensa un momento.

Le gustaría que Anne se quedara con él. Con ella podría hablar, liberar el torbellino de dudas que lleva dentro y aclarar algunas cosas, calmar a las avispas.

No es que no le guste estar con Frank, es que con él no sabe cómo hablar de este tipo de cosas.

No, tampoco es eso.

Quiere pasar tiempo a solas con Anne.

Joseph alza la vista al cielo, un poco más gris que de costumbre.

Las sombras de la Fábrica son alargadas, como si el dragón hubiera desplegado las alas mientras dormía, ocultando sin querer el sol.

Está empezando a oscurecer.

Quiere pasar tiempo a solas con Anne, pero es mejor que no le espere sola.

Frank tiene razón, esa zona no es segura.

Nada en la Ciudad lo es.

—No, no hace falta —responde—. Seguro que a M no le importa acompañarme luego a casa. Muchas gracias por todo, chicos.

Ellos no insisten.

Joseph espera hasta que han doblado la esquina, inspira hondo y empuja la puerta del gimnasio.

—¿Hola? —pregunta.

Nadie contesta. El gimnasio parece vacío, las luces están apagadas.

Aún es pronto.

—¿Hola? —vuelve a preguntar.

Entra.

En algún lugar de la nave, Joseph escucha un ruido de unos pies que se arrastran sobre el pavimento y unos golpes rítmicos, precisos.

Pum, pum, pum.

M está al fondo, solo, en la oscuridad, en el saco donde él suele practicar. Joseph se apoya en el cuadrilátero y observa los calculados movimientos, la tensión de los músculos expertos, los acompasados movimientos de los pies. Hay una energía en ese deporte que atrae a Joseph de forma poderosa, casi primitiva.

M hace una pausa, inspira, y clava los puños en el saco.

Con fuerza, con velocidad, con furia.

Pum, pum, pum.

Aunque hace rato que ha visto a Joseph, M no se detiene. No dice nada.

Solo inspira, y vuelve a golpear.

Pum, pum, pum.

—M… —empieza Joseph.

—Hola, Joseph. Me alegro de verte. ¿Cómo estás?

—Mejor.

—Sí, lo estás —asiente M, con la vista fija en el saco—. Tu padre me ha dicho que has vuelto hoy al instituto. ¿Qué tal ha ido?

—Bien.

—Me alegro. Tus cosas están en la taquilla. Hoy iremos con calma.

—Yo…

M deja de golpear y le mira directamente a los ojos.

—¿Es eso a lo que has venido? —detiene el saco y se limpia el sudor de la frente—. ¿Vas a decirme que quieres colgar los guantes?

—Total, para lo que me han servido…

Joseph mira al suelo, avergonzado.

—Como quieras, es tu decisión —la voz de M no suena ni alegre ni triste, pero sus ojos están claramente decepcionados—. Pero te equivocas.

—¿Sí? ¿De verdad? Porque ni siquiera tuve la oportunidad de defenderme, ni siquiera los vi venir —los ojos de Joseph se humedecen—. Me molieron a hostias, M, y yo lo único que pude hacer fue cerrar los ojos y esperar a que dejaran de pegarme. Era incapaz de golpear. Pero, claro, ni siquiera soy capaz de pegarle a ese saco miserable… ¿cómo voy a defenderme? —aprieta los puños—. No quiero que sigas perdiendo el tiempo conmigo.

—Ni yo pierdo el tiempo contigo, ni tú lo pierdes conmigo —M se acerca y le apoya los dos enormes guantes sobre los hombros—. Esto no va de quién pega más fuerte, Joseph. Esto va de quién encaja los golpes, de quién es capaz de levantarse después de recibirlos y seguir adelante. Ahí es donde está la fuerza de uno.

—Yo no tengo esa fuerza.

—Los chicos del gimnasio llevan días sin parar de hablar de un tal Darko —sonríe M—. Me obligan a poner sus canciones durante los entrenamientos, una y otra vez. Por lo visto, él piensa que sí la tienes. Y los que escuchan lo que dice, también.

—Lo que me ha pasado a mí puede pasarle a cualquiera que viva en la Ciudad. No hay ninguna diferencia.

—No, la diferencia está en que tú has dicho «basta». Y has peleado por ello. Has caído a la lona, sí. Pero ¿has perdido? —M. le aprieta los hombros y le obliga a mirarle—. Eso solo depende de ti. Porque ahora tienes que tomar una decisión importante. Puedes pelear o quedarte tumbado en la lona, esperando a que el árbitro termine la cuenta atrás, y renunciar a intentar ganar el combate.

Joseph no dice nada.

Tiene los ojos llenos de lágrimas.

—No vengas al gimnasio, si no quieres, a mí eso me da igual. Pero no te rindas, Joseph —insiste M—. Tú eres mejor que eso.

Joseph se traga las lágrimas.

Los murciélagos las beben como agua de manantial y revolotean en su estómago.

Las hormigas empiezan a picarle en los puños.

Las avispas dejan de zumbar.

—Bueno, chico, ¿qué va a ser?

Joseph no dice nada.

Se queda pensativo unos segundos.

Por toda contestación, Joseph clava el puño derecho en el saco, una sola vez.

Dándole a M su respuesta.

23.

Es sábado por la mañana y el escaparate de la panadería está por fin arreglado.

Parece mentira que algo tan insignificante como retirar la protección de tablones de madera astillada y poder mirar a través de una ventana tenga tanto significado, la capacidad de transformar la realidad de una familia.

Este sábado, el delicioso olor a pan recién hecho, azúcar caramelizado y mantequilla derretida que inunda el local los hace sentir otra vez en casa.

Joseph termina de colocar algunas vitrinas y sale fuera para izar la persiana metálica. En el muro, junto a la puerta, ve la firma de Darko que parece proteger el local. La sombra del dragón sigue tiñéndolo todo de gris, el buitre no ha dejado de sobrevolar sus cabezas, las ratas siguen devorando, lentas y numerosas, todo lo que encuentran a su paso, pero a pesar de todo, Joseph siente una repentina sensación de alivio, de paz.

Cuando se dispone a darle la vuelta al cartel de «Abierto», Joseph descubre que frente a la puerta de la tienda hay una larga cola de gente.

—¡Mamá! ¡Que hay por lo menos quince personas esperando! —se agobia Joseph.

La madre se incorpora desde debajo del mostrador, donde está colocando las bandejas de tartas y pasteles recién hechos. Su padre asoma la cabeza por la puerta del obrador, completamente cubierto de harina.

—¡Pero si todavía faltan diez minutos para las ocho! —protesta Andrew. Su hermano esconde a toda prisa el cómic que leía a escondidas un minuto antes y empieza a colocar las barras de pan integral todavía humeantes en el expositor—. ¿Qué hace la gente levantada a estas horas los fines de semana? ¡Debería estar prohibido!

—Menos quejarte y más colocar —le riñe su padre—. Que de lo que esta gente compre, comemos nosotros.

—¡Pero si no he parado en toda la mañana! —se queja Andrew.

A pesar del teatro de su hermano, que odia los turnos de fin de semana, el ambiente en la familia es alegre y relajado por primera vez en mucho tiempo.

Lo han conseguido.

Han salido adelante.

Joseph, al menos, lo siente así.

—Venga, abrid ya —les anima su madre.

Joseph descorre el cerrojo de la puerta y los clientes invaden la tienda.

—Mmm, ¡qué bien huele! Se nota que estáis a pleno rendimiento —dice el primer hombre que se acerca al mostrador.

—Sí, ya lo tenemos todo en marcha —responde su padre, satisfecho.

—Menos mal que ya os han arreglado el escaparate —dice otro cliente, dándole unos golpecitos a la luna con los nudillos—. Estos tablones le daban una tristeza a la plaza...

—Sí, la verdad es que parecía una cárcel... —dice tímidamente un señor.

—Bueno, lo dices como si la Ciudad entera no pareciera una cárcel —opina otra mujer.

Es evidente que los clientes no comparten el alivio de Joseph y su familia. La sombra gris que proyecta el dragón parece haberse colado dentro del local. Joseph observa los rostros ojerosos y tristes, agotados de estar siempre alerta de la clientela mientras despacha con Andrew cruasanes, hojaldres, barras de pan de centeno, pastas de té y tartas al tiempo que sus padres amasan una hornada tras otra en el obrador.

—Pero últimamente, Sego y su banda parecen bastante tranquilos, ¿no? —dice un hombre.

—Sí, eso parece —comenta otra señora—. Desde la paliza que le dieron a aquel chico...

—*Shhh.* ¡Que el chico es el hijo de la panadera! —susurra su marido.

La mujer abre la boca para preguntarle a Joseph cómo está, pero otro cliente la interrumpe.

—Pues yo no me fío, la verdad —dice el hombre—. A mí me han robado dos veces este año el coche a punta de pistola, en mi edificio ya casi no queda ningún inquilino, y mi familia vive aterrorizada. Si tan tranquilos están, es que algo están tramando.

—Yo no lo creo —comenta un señor—. Mi hijo dice que Sego y su banda han desaparecido porque hay un tipo en Internet que los está denunciando. Tienen miedo de que haya represalias.

—¿Represalias? ¿De qué? —ríe un escéptico, al fondo—. Si las bandas van de la manita de esa Compañía que quiere demoler la Fábrica y los edificios de alrededor. ¿Quién te crees que les proporciona las drogas? ¿Quién te crees que es el mayor interesado en que esta ciudad se vaya a la mierda?

—No hay pruebas de eso —opina el hombre que ha mencionado a Darko.

A Joseph, de repente, las palabras de ese hombre que se resiste a creer lo que es evidente le recuerdan la cabezonería de Anne, su negativa de abandonar una ciudad que se desmorona ante los ojos de todos.

—Pues mi hija dice que las bandas están buscando al tal Draco ese para ajustar cuentas con él —interviene una mujer—. Dicen que es de aquí, que por eso sabe tantas cosas de lo que pasa en la Ciudad.

—Sí, tiene que serlo —comenta el señor escéptico—. Mis hijos me enseñaron ayer un vídeo suyo y aparecía esta panadería.

—¿La panadería? ¿En un vídeo de Darko? —pregunta Andrew al tiempo que tiende una barra de pan a una clienta.

—¿Ves? Draco, lo que yo te había dicho… —murmura la mujer.

—Se llama Darko —corrige Andrew, con orgullo—. Y seguramente la panadería aparece en sus vídeos porque todo empezó aquí, con mi hermano.

Andrew mira de reojo a Joseph y sonríe.

—¿Es amigo vuestro? —pregunta la señora, interesada—: Si le conocéis, dadle las gracias. No sé por qué lo hace, pero ya era hora de que alguien se esforzara un poco por mejorar las cosas.

—¿Mejorar? Aquí no ha mejorado nada… —refunfuña un hombre en voz baja—. Sego y los suyos volverán a la carga, antes o después.

Joseph ignora el comentario amargo del hombre y contesta a la primera mujer, a la que ha pensado que tal vez conocieran al salvador misterioso. Solo faltaría que la gente empezara a relacionar la panadería con el cantante misterioso del que todo el mundo habla. Eso no les conviene.

—No es amigo nuestro —se apresura a responder—. Nadie sabe quién es.

Las palabras de Joseph matan la conversación. De la larga cola que había frente a la panadería ya no queda casi nada y el local no tarda en volver a quedarse prácticamente vacío, con el goteo habitual de clientes.

Mientras la actividad se relaja, piensa en lo que ha escuchado.

Nadie sabe quién es Darko, pero Joseph sabe que eso no importa.

Porque Darko no es una persona, sino una idea.

Una idea que ya se ha extendido entre la gente de la Ciudad.

Aunque de momento, no todos confían en ella, Joseph se da cuenta de que su presencia está empezando a funcionar como un antídoto.

Que lentamente va diluyendo el miedo entre la gente de la Ciudad.

Abriéndole la puerta a la posibilidad de que, un día, las cosas cambien a mejor.

24.

Las avispas siguen viniendo a visitar a Joseph de vez en cuando, pero ahora las tolera mejor. No es que el dolor de cabeza sea menos intenso. Más bien, ha aprendido a convivir con él, a no prestar atención al persistente zumbido aunque los aguijones sigan hundiéndose en sus sienes con la misma intensidad.

Pero ellas no son las únicas que vienen a verle.

Las hormigas también vuelven a morderle insistentemente los puños con sus tenazas afiladas. No le dan tregua, pero Joseph tampoco se lo pone fácil. Día tras día, las aplasta contra el saco en sus entrenamientos con M. Su cuerpo grita de dolor, pero él cada vez se nota más fuerte, más valiente, más vivo. Menos roto.

Luego están los murciélagos. Desde la llegada de Darko, Joseph siente que se han multiplicado por mil. Ahora revolotean en su estómago, en su pecho, en su garganta, con una furia desconocida. Por las noches le mantienen despierto durante horas y le susurran versos que ya no terminan enterrados en el fondo de la papelera, que ya no son el alimento de la llama azul del mechero.

No todos, al menos.

«Cada vez son mejores, deberías publicarlos». Eso es lo que le dice Anne, porque ahora se los enseña a ella, siempre, y luego alisa con esmero los folios con las letras que más le gustan y los guarda con cuidado en un cajón.

Como si, en vez de escribir canciones, estuviera plantando semillas en la tierra, regándolas y esperando al día en que sus ideas tengan raíces lo suficientemente fuertes como para remover conciencias y agitar espíritus.

Como Darko.

Todas las noches, Joseph se sienta delante de la pantalla del ordenador y reproduce una y otra vez las nuevas canciones, cada vez más claras e incisivas, cada vez más explícitas, y contempla los vídeos en los que Darko saca a la luz lo que ocurre en las entrañas de la ciudad, sus trapos sucios. Persigue a los matones. Los acecha, los graba, los expone a los ojos de todos para que todos puedan verlos, para que sepan quiénes son, lo que hacen. No les concede un momento de paz.

Ya no campan a sus anchas a plena luz del día.

Tampoco encuentran refugio en la negrura de la noche.

Ahora tienen miedo.

Ahora la ciudad parece bañada por una luz distinta, la sombra del dragón parece menos alargada. Es evidente que las cosas en la Ciudad han mejorado.

Pero la situación está muy lejos de ser perfecta.

Anne sigue viviendo en una casa sin suministro eléctrico, en un edificio deshabitado del cual podrían echarla.

Sus amigos aún tienen miedo de ir a un instituto que no ofrece más futuro que el de unirse a los matones que lo dominan.

Su familia apenas ha conseguido levantar cabeza después de que la panadería por la que ha sacrificado toda su vida fuera destrozada en cuestión de minutos.

Por eso aletean los murciélagos. Por eso le piden que los deje libres.

Joseph sale de las sábanas, se sienta en el escritorio.

Tal vez hoy sea el día, tal vez hoy consiga escribir la canción con la que unirse a Darko en su cruzada verbal.

Aprieta el bolígrafo entre los dedos, los dedos se tensan, el ingenio se afila.

Pero, de repente, las avispas despiertan.

Otra vez.

Apoya la cabeza contra la superficie del escritorio y hunde la mano en la caja de calmantes. Se mete dos en la boca, se los traga sin agua y vuelve a arrastrarse hasta la cama, deseando que los murciélagos aguanten otro día más.

Deseando dormir una noche sin pesadillas.

***

La oscuridad le sienta tan bien…

Sumergirse en ella es como hacerlo en un estanque de agua fresca y clara.

Siente que flota, que fluye en la negrura.

Al abrigo de la noche, no le duele nada, nada le preocupa.

¿Nada?

Solo una cosa.

La única.

La que sale a buscar todas las noches.

Se mueve por las calles pegado a las paredes, aunque sabe que no necesita su protección.

La noche es su elemento, y en ella es invisible.

Pasea sin ser visto por esas calles que conoce de memoria.

Las calles, cada vez más limpias, cada vez más seguras, de su ciudad.

Aunque la sensación es falsa.

Sabe que la plaga no ha desaparecido.

Las ratas ahora están bajo tierra, ocultas.

Pero siguen ahí.

Haciendo sus sucios negocios, infectando la ciudad desde las sombras.

La gente ahora camina más tranquila, pero sigue teniéndole miedo a sus mordeduras.

A que sus dientes afilados les contagien su rabia, su enfermedad.

Las ratas pretenden hacerse fuertes en su refugio, crecer, multiplicarse para invadir las calles.

También sabe que le buscan.

Algunas, muy pocas.

Las ratas más furiosas pretenden dar con él y callarle la boca a mordiscos.

Pero no van a conseguirlo.

Ellas tienen miedo. Él, no.

Él sabe que sus palabras las han obligado a refugiarse en su escondite.

Y él se ha propuesto descubrirlo.

Se mueve y busca.

Encuentra sus huellas. Las pistas que le llevan hasta su guarida.

Se mueve, se acerca.

Se mueve y observa.

Está muy cerca, lo intuye, lo huele.

Ha llegado a su madriguera.

Las ratas se apiñan allí, temblorosas, deciden qué paso dar a continuación.

Debaten qué hacer con él.

«Él no tiene dientes, solo tiene palabras», dicen las ratas.

Pero también saben que sus palabras son muy poderosas.

Sus palabras infunden valor.

Y mucha gente con valor puede aplastarlas.

Ríe en silencio al verlas temblar.

Porque él es el causante de su miedo.

Pero también sabe que todavía no ha ganado la guerra.

Si la gente deja de oírlas, las palabras se perderán en la incertidumbre y el miedo.

Si la gente deja de verla, la plaga terminará por ser olvidada.

Aunque solo esté escondida.

Aunque siga ahí.

Así que esta noche piensa darles algo más.

Invisible en la oscuridad de su propia madriguera, saca la cámara y empieza a grabar a las ratas.

Para que todos sepan quiénes son.

Para que todos sepan dónde están.

25.

Sego tiene las manos sobre el volante, pero no conduce. El motor del coche está apagado. Mira por la ventana con los ojos entrecerrados y, luego, se fija en su hermano. En el asiento de al lado, Viper está encorvado sobre su móvil. Escribe algo a toda prisa, asomando la lengua entre los dientes, y espera.

Luego vuelve a escribir.

Parece preocupado.

Sego introduce la llave en el contacto, pero no lo enciende.

—¿Qué pasa? —ordena.

Viper da un respingo en el asiento y se apresura a esconder el móvil.

—Nada, estaba viendo un vídeo —Viper intenta disimular, pero la forma en que tartamudea cuando emite sus siseos de serpiente acaba por delatarle.

—¿De ese cabrón? ¿Darko?

Sego lo pregunta con los ojos entrecerrados, la boca entreabierta, dejando a la vista unos dientes blanquísimos y afilados.

Si pudiera, Viper mudaría la piel y se escabulliría del coche arrastrándose como un reptil.

Pero no tiene tiempo.

La zarpa de Sego cruza como un cometa el espacio que los separa y le arranca el móvil de las manos. Viper se encoge en el asiento y se aplasta ligeramente contra la puerta.

Sego pulsa dos veces. En cuanto las imágenes empiezan a desfilar ante sus ojos, estos se agrandan. Se afilan. Como si quisiera perforar con ellos la pantalla y clavárselos a quien sea que se esconde al otro lado de la cámara.

El vídeo tan solo dura unos minutos, pero es suficiente para que su respiración se acelere, los músculos de su cuello se tensen, los latidos de su corazón empiecen a palpitarle en los oídos.

Viper, que conoce de sobra los cambios de humor de su hermano, se encoge aún más con la esperanza de que no se fije en él.

Pero no lo consigue.

—¿Cuándo ha publicado esto? —pregunta Sego en cuanto la pantalla funde a negro—. Esto es de anoche, en el cuartel. Se nos ve la cara. Se ve dónde estamos. Se ve todo.

Sego le devuelve el teléfono a Viper y hace tamborilear los dedos sobre el volante. Parece estar reflexionando sobre algo.

Viper traga saliva.

—No lo ha publicado —responde—. Eso era lo que estaba mirando. Lo ha enviado a mi correo personal, nada más.

—Ah, muy bien. Así que no solo sabe quiénes somos y dónde nos reunimos sino que también tiene nuestras putas direcciones de correo, ¿no? —la voz de Sego suena ahora más áspera, como un rugido.

Viper siente un escalofrío. No dice nada.

—¿Sabes quién estaba haciendo guardia anoche? —pregunta Sego, casi en un susurro.

Viper sabe a dónde quiere llegar su hermano, y no le gusta. Aprieta la espalda contra la tapicería del asiento, como si quisiera fundirse con ella.

Pero no puede.

Sego deja que el silencio flote entre ellos durante unos segundos. Luego se gira con velocidad felina, agarra a su hermano del cuello de la sudadera y lo zarandea con fuerza.

—Yo sí lo sé —Sego lo aplasta contra la ventanilla y le habla desde tan cerca que Viper nota en las mejillas su aliento ardiente—. Tú estabas haciendo guardia. Tú y esos dos memos del instituto que tanto insistes en que dejemos entrar en la Banda. Solo teníais que hacer una cosa. Solo una. ¿Cuál?

—Vi-vigilar —responde Viper, en voz baja y entrecortada.

—Exacto —confirma Sego—. Entonces explícame cómo es posible que ese hijo de puta haya podido grabarnos delante de nuestras propias narices mientras nosotros preparábamos la droga y la repartíamos entre nuestros camellos. ¡EXPLÍCAMELO!

Sego aprieta.

Alza el puño.

Viper intenta mantener el tipo, incluso intenta sostenerle la mirada, pero los brazos y las piernas le empiezan a temblar como locos.

—Estuvimos vigilando, te lo juro —Sego se tensa aún más—. Ni Allen, ni Fred ni yo vimos nada. Nada. Por favor... No sé cómo lo hace... —se disculpa Viper, protegiéndose la cara con los brazos.

Sego estrella el puño contra el salpicadero del coche.

—¡JODER! —aúlla. Viper da un respingo—. Desde que han aparecido esos vídeos, estamos en el punto de mira. La policía nos vigila otra vez, la gente habla otra vez. Está llamando demasiado la atención, incluso fuera de la Ciudad. Demasiados ojos puestos aquí —Sego resopla—. Eso no le gusta una mierda a nuestros contactos en la Compañía, ¿sabes? Han amenazado con cortarnos el suministro si esto sigue así. ¿Entiendes?

Silencio.

—¿LO ENTIENDES? —Sego vuelve a girarse como una pantera.

—¡Sí, sí! ¡Lo entiendo!

—Dominamos el tráfico de drogas de toda la ciudad, no es un secreto que somos los únicos que movemos dinero en la Ciudad. Lo sabe todo el mundo, lo sabe hasta la policía. Pero si queremos seguir siendo los dueños, necesitamos que la Compañía nos siga dando su apoyo. Y, para eso, no podemos permitirnos aparecer en un vídeo con la cara descubierta. Es llamar demasiado la atención. No podemos permitir que ese cabrón nos siga dando por culo.

Sego se queda pensativo durante un segundo.

De pronto, enciende el motor y pisa a fondo el acelerador. Las ruedas chirrían y el coche sale del aparcamiento a toda velocidad. A través de las ventanillas abiertas, a Viper le llega un fuerte olor a caucho quemado.

Sego conduce por las desiertas calles de la Ciudad con los ojos fijos en el horizonte y los nudillos blancos de tanto apretar el volante. Van muy deprisa. Tanto, que los pocos peatones que se cruzan con ellos tienen que apartarse como pueden para que el coche no se los lleve por delante.

Viper tiene miedo. Le gustaría pedirle a su hermano que fuera algo más despacio, pero no se atreve. Se agarra a los laterales del asiento y, cuando ve que Sego levanta ligeramente el pie del acelerador, pregunta:

—¿Adónde vamos?

—A buscar a ese hijo de puta.

Cuando llegan a la plaza del Distrito 21, Sego reduce la velocidad hasta casi detenerse.

Pero no se detiene.

—No deberíamos estar aquí, alguien podría vernos —dice Viper.

Sego no contesta.

Viper mira por la ventanilla mientras el coche rodea el parque muy lentamente, como un ave rapaz que volara en círculos, acechando a su presa desde el aire. En la plaza hay un terregal con unos cuantos columpios oxidados en los que ya no juega ningún niño, los edificios vacíos de un colegio y un instituto, unas cuantas tiendas y, entre ellas, una con un escaparate nuevo y reluciente.

La panadería.

Sego tiene los ojos clavados en la pintada que la señala como territorio protegido de Darko.

—Todo esto empezó con la paliza que le dimos a ese chico —murmura en voz muy baja—. Además, ha marcado la panadería con su firma. El muy iluso debe de pensar que es su territorio, que puede protegerla.

Viper comprende.

—Sí, parece que es amigo suyo —sisea Viper, asomando la lengua partida entre los dientes.

—Quizá sea él —comenta Sego, con una voz que parece un ronroneo, satisfecho con su descubrimiento.

—No puede ser, Sego —dice Viper—. Lo dejaste para el arrastre.

—Entonces debe de ser alguien que él conoce —sentencia su hermano—. Tenemos que mandarle un mensaje.

—Si lo que quieres es darle un aviso a Darko a través de su «protegido», sé cómo podemos hacerlo.

Sego gira la cabeza para mirarle y en sus labios se dibuja una sonrisa extraña y feroz.

—Así me gusta, hermanito. ¿Adónde?

Viper habla y Sego acelera de nuevo, arrancándole un chillido al asfalto de las calles de la Ciudad.

El coche se dirige al bosque de edificios muertos.

Donde vive Anne.

26.

Anne hunde los dedos de los pies en la arena. Luego cierra los ojos, echa la cabeza hacia atrás y deja que la brisa baile con su melena.

Joseph se retrasa unos pasos y la observa en silencio, intentando que esa imagen se grabe en su memoria.

Anne.

Tan libre, tan feliz, tan en paz.

Joseph odia la Ciudad, pero le encanta la playa.

Si alguna vez consiguiera salir de allí, sabe que echaría de menos el rumor de las olas, el tacto de la arena bajo los pies desnudos, el horizonte infinito.

Sí, definitivamente, echaría de menos la playa.

Pero extrañaría más a Anne.

Porque Anne es su playa.

Joseph abre los ojos y la ve, de espaldas a él, con la vista clavada en el mar y respirando el aire salado como si en el mundo no hubiera nada mejor. El corazón empieza a latirle rápidamente y, de pronto, siente como si su cuerpo necesitara echar a volar.

Como no puede volar, empieza a correr.

—¡Joseph! ¿Adónde vas? —pregunta Anne cuando Joseph pasa a su lado.

—¡A la cueva! —grita él por encima del hombro.

Anne recoge las zapatillas del suelo y le sigue, con una sonrisa en los labios.

La cueva es su refugio. Una cavidad que el mar ha tallado en el relieve de roca caliza del acantilado, desde donde se domina la playa y se está a resguardo del viento. Joseph se agacha para entrar y espera sentado sobre un saliente de la piedra con las piernas cruzadas.

—Hacía mil años que no veníamos aquí —dice Anne al llegar, acariciando la superficie rugosa de la roca—. Ya casi no me acordaba de este sitio.

—A mí nunca se me olvida —responde él, tendiéndole la mano—. Aquí hemos pasado muchos buenos momentos.

Anne asiente con la cabeza, pero no dice nada más. Sus ojos vuelven a clavarse en la playa, en las olas que mojan la arena, que van y vuelven, que van y vuelven, cada vez más cerca del acantilado a medida que la marea crece.

—¿Te acuerdas de cuando nuestros padres nos traían aquí a jugar? —le pregunta, al rato—. Tu madre siempre traía los dulces que sobraban en la panadería.

—Sí, y nosotros nos poníamos morados mientras ellos paseaban por la playa —a Joseph nunca le han gustado los bollos, pero el recuerdo le hace la boca agua—. Veníamos todos los viernes, en cuanto tu padre y el mío salían de la Fábrica.

—Y luego volvíamos en el coche de tu padre, y nos quedábamos jugando hasta las tantas en mi casa o en la tuya, porque al día siguiente no había cole —recuerda Anne, divertida. Sin embargo, su voz se tiñe al final con una nota de tristeza—. En realidad no hace tanto tiempo de eso, pero ahora siento como si hubiera pasado toda una vida.

—Si llego a saber que te ibas a poner tan nostálgica, te hubiera traído dulces.

Anne ríe.

—Haría falta mucho más que dulces para que las cosas volvieran a ser como antes, Joseph —Anne ya no mira al mar, sino a la oscura silueta de la Fábrica.

—Están cambiando a mejor.

Joseph estira el brazo y roza el de su amiga, para que vuelva con él, a su momento.

—¿Lo dices por Darko? —pregunta Anne, aún sin mirarle.

—Sí —asiente Joseph—. Y por las cosas que ha conseguido con sus denuncias. Ya apenas hay noticias de Sego, hay menos miedo... Se nota hasta en el instituto.

—Lo que hace Darko es muy valiente —reconoce Anne.—. Pero también es muy peligroso. Demasiado. Si sigue jugando con fuego, terminará por quemarse. Y todos nos quemaremos con él —dice, con amargura.

—¿Por qué dices eso?

—Porque Sego y las bandas siguen ahí, Joseph —responde Anne—. Ahora llaman menos la atención, pero siguen robando, atemorizando a la gente, traficando con drogas. Siguen destrozándonos la vida, haciéndonos vivir con un miedo constante en el cuerpo. Esto no es vida, Joseph. Esto no es... —a Anne se le quiebra la voz.

—Hace no tanto tuvimos esta misma conversación, y tú no te querías marchar de la Ciudad —dice Joseph, contemplando el perfil de Anne. Estira la mano para acariciar la mejilla de su amiga y nota el rastro húmedo que ha dejado una lágrima—. ¿Qué ha cambiado, Anne? ¿Qué pasa?

—Que nos vamos, Joseph —responde ella, con una tristeza infinita en la voz—. Nos vamos de la Ciudad. Definitivamente.

—¿Qué? —la voz retumba en la cueva.

—Anoche, Sego y Viper se presentaron en mi casa. Entraron a la fuerza, lo destrozaron todo, pegaron a mi padre... —Anne se lleva la mano a la boca para ahogar un sollozo y Joseph ve un círculo morado alrededor de su muñeca.

—¿QUÉ? —Joseph aprieta los puños, se levanta hecho una furia. Su cuerpo ocupa todo el hueco de la cueva, haciéndole parecer mucho más grande de lo que es—. ¿Se atrevieron a ponerte la mano encima?

Ahora sí, Anne se echa a llorar.

—Pensaba que nos iban a matar, Joseph —dice Anne entre lágrimas—. Y hubieran podido hacerlo. Nadie se hubiera enterado. Sego quiere que nos vayamos antes de que acabe la semana.

—Quedaos con nosotros.

—No. Mi padre está asustado. Ya no quiere seguir aquí.

—Pero ¿por qué? ¿Por qué vosotros?

Anne baja la vista.

Calla.

—¿Por qué, Anne?

—Viper piensa que tú tienes algo que ver con Darko —le dice Anne—. Quiere que le entregues el mensaje. Que le digas que, si no para, la gente va a sufrir. La gente que quieres.

—¡Pero si no sé quién es!

—Ellos piensan que sí —le dice Anne—. Porque, desde luego, él sí sabe quién eres tú. Todo esto empezó por ti, Joseph. Por lo que hiciste, por lo que te hicieron.

Joseph mira al suelo, avergonzado.

—Yo no he hecho nada, Anne.

—Por supuesto que sí. Si más gente se atreviera a levantar la voz como tú lo has hecho, seguramente no serían los dueños de la ciudad. En la Ciudad no habría tanto miedo.

—Yo no soy como Darko.

—No, no lo eres —responde ella—. Pero, si quisieras, podrías serlo. He leído todo lo que has escrito. Y es muy bueno, Joseph. Es tu voz. No tengas miedo de usarla.

Joseph siente en las manos el cosquilleo de las hormigas. Rebusca en su bolsillo y saca un papel.

—Esto es para ti —dice, tendiéndoselo a Anne—. Si algún día me atrevo a hacerlo, esto será lo primero que publicaré.

Anne desdobla el papel y lo lee. Su rostro se ilumina durante un instante, pero la tristeza no tarda en volver a empañarle los ojos.

En silencio, Anne apoya la cabeza en su hombro, y los dos se quedan quietos, sin saber qué más decir.

A pesar del poder curativo de la cercanía de Anne, en la cabeza de Joseph, las avispas empiezan a zumbar muy, muy bajito.

Pero, en su pecho, hace rato que los murciélagos aletean con fuerza.

27.

Ya es de noche y, tumbado en la cama, Joseph cierra los ojos e intenta recuperar la imagen de Anne en la playa.

Pero no puede.

Está demasiado alterado.

Las avispas siguen ahí, por supuesto, (nunca desaparecen, no del todo), pero esta vez no son ellas las que le mantienen despierto. Tampoco los murciélagos.

Esta noche son las palabras de su amiga las que le martillean los oídos.

Una y otra vez.

Todo esto empezó por ti, Joseph.

No soporta la idea de que el sufrimiento de Anne y de su familia sea culpa suya. Vuelve a sentirse impotente, desarmado, perdido. Es un dolor mucho peor que el de las migrañas o los huesos rotos.

Es como una fiebre muy alta.

Es tu voz. No tengas miedo de usarla.

La piel le escuece. El roce de las sábanas le molesta.

Joseph se las arranca de un tirón.

Se sienta en el escritorio, con la cabeza palpitando de dolor. Rebusca en los cajones, coge bolígrafo y papel y vomita todo lo que le hierve por dentro.

Cuando llegue el día morirán,
pero tu serás leyenda, te recordarán
por vivir y no por sobrevivir,
por ir en contra del viento
y aprovechar el tiempo que hay en ti,
es el secreto de la inmortalidad.

Tú sabes lo que vales, si te sabes valorar,
no habrá éxito que no puedas lograr.

Cuando termina de componer, está agotado.

Le duele la cabeza a reventar y una nube de puntos negros revolotea en su retina.

Siente que, en lugar de un papel, tiene entre las manos un cartucho de dinamita.

Si más gente se atreviera a levantar la voz como tú lo has hecho, seguramente las cosas cambiarían de verdad.

Pero, si la sola idea de hacer pública una de sus letras le aterra, la de usarla para enfrentarse a las bandas, directamente, le paraliza de miedo.

Pero tiene que intentarlo.

Para ayudar a Anne y a su familia.

Para que no tenga que irse de la Ciudad.

No así, no todavía.

Para ayudarse a sí mismo, en el fondo.

Porque no sabe qué va a hacer sin ella.

Si más gente se atreviera a levantar la voz...

Joseph está sudando, el corazón le late a mil por hora.

Recorre nervioso el minúsculo espacio de su habitación.

Una y otra vez.

No sabe qué hacer.

Cierra los ojos y ve a Anne. La cabeza echada hacia atrás, la melena al viento, los dedos de los pies hundidos en la arena.

Se pregunta si volverá a verla así.

Se pregunta si volverá a verla.

Le da un miedo horroroso, pero sabe bien lo que tiene que hacer. Lo que quiere hacer.

Si más gente se atreviera a levantar la voz...

... seguramente las cosas cambiarían de verdad.

Joseph enciende el ordenador, prueba la *webcam.* La calidad es pésima, pero será suficiente. No es necesario que la gente vea su cara.

Solo que oiga su voz.
Carraspea. Traga saliva.
Apaga las luces.
Y, protegido por la oscuridad, abre la boca.
Y un torrente de murciélagos brota de su interior.

***

Esta noche se siente incómodo dentro de su piel.
Esta noche necesita su dosis de oscuridad.
Necesita salir a las calles desiertas.
El corazón palpita con la emoción de la caza, el cuerpo le grita que necesita salir fuera.
Los muros son como los barrotes de una jaula.
Se asoma a la ventana, mira la luna.
Abre el cristal, saca un brazo, lo baña en su luz.
Necesita salir, pero tiene trabajo que hacer.
Trabajo que hacer en solitario.
En su guarida.
Con los ojos clavados en la pantalla del ordenador, examina los vídeos que ha ido recopilando en sus noches de acecho.
Imágenes de las ratas en sus madrigueras.
Ratas conspirando.
Ratas cazando.
Ratas haciendo recuento de su botín.
Ratas devorándolo.
También tiene vídeos de las ratas encogidas por el miedo.
Ratas asustadas.
Ratas huyendo.
Sonríe al ver las imágenes.
Sabe que tiene poder sobre ellas.
Conoce el rastro que las lleva hasta su madriguera.
Las pruebas que las incriminan.
Tiene todo eso, y tiene su voz.

Sus canciones.

Los versos en los que cuenta lo que ha visto.

Lo que ha oído.

Lo que pasa.

En los que anima a la gente a poner cepos.

A rebelarse y vivir.

Sabe el poder que tiene en sus manos.

Pero también sabe que no ha llegado a suficiente gente.

Las ratas están arrinconadas, pero él solo es un soldado.

Necesita un ejército para combatir esta plaga.

Frente a la pantalla del ordenador, selecciona las mejores imágenes.

Las letras más incisivas.

Los vídeos más reveladores.

Los apelmaza, los moldea, los convierte en un grito capaz de remover conciencias.

Pero necesita ayuda.

Ayuda para gritar y que su grito se convierta en virus.

Que entre por los ojos, que viaje de boca en boca, que perfore los oídos.

Un virus para combatir una plaga.

Le gusta la idea.

Es poderosa.

Mientras aguarda a que lleguen los refuerzos, mira la luna.

Observa el cielo oscuro, el manto de estrellas.

Está enjaulado, necesita salir.

Se siente incómodo en su piel.

Pero, esta noche, el encierro ha merecido la pena.

28.

Joseph se despierta sobresaltado.

La puerta de su cuarto se sacude violentamente.

Alguien intenta entrar.

Han venido a por él.

—¡Joseph! —es su hermano—. ¡Venga, marmota, levanta!

Joseph se incorpora sobre la mesa, dolorido.

Anoche tardó un rato en grabar su canción. Y otro rato más en decidirse a publicarla y colgar el enlace en los comentarios de uno de los temas más populares de Darko.

Tenía miedo.

Y, cuando por fin se atrevió a hacerlo, la tensión acumulada abandonó su cuerpo de golpe y sintió como si alguien lo hubiera vaciado por dentro. Ni siquiera le hizo falta tomarse las pastillas para caer rendido de sueño.

No sabe a qué hora se durmió, pero debió de ser muy tarde, porque el dolor de cabeza está empezando a despertar también y a instalársele entre las sienes.

—¡Joseph, venga, sal de la cama! —repite la voz de Andrew.

Se levanta y abre la puerta.

—Pero ¿qué pasa? —pregunta. Se da media vuelta para mirar el despertador. Las siete y diez de la mañana—. ¿Hoy me tocaba ir a mí a la panadería? ¿Me he quedado dormido?

—No, no es eso —Andrew sonríe—. Quiero hablar contigo de algo que he visto esta mañana.

A Joseph se le hiela la sangre en las venas.

No esperaba que nadie lo reconociera tan pronto, y mucho menos su hermano. Creía haber tomado todas las precauciones posibles para que eso no ocurriera. No dejó que se le viera la cara, disfrazó su voz, apagó las luces.

Joseph va haciendo un recuento mental de todos los cabos sueltos, examinando cualquier pequeño detalle que hubiera podido delatarle, mientras sigue a su hermano por el pasillo entre los zumbidos de las avispas y los sudores fríos que le bajan por la espalda.

Los dos entran en el cuarto de Andrew y él se dirige directamente al ordenador encendido que hay sobre su mesa.

El mundo se le viene encima.

—Andrew, déjame que… —empieza a decir.

—Tío, es alucinante. ¡Ha salido en todas partes! —su hermano no le presta atención—. He oído la noticia esta mañana en la radio, pero no he podido ver el vídeo hasta hace un rato —¿noticia?—. Me ha parecido tan flipante que le he pedido permiso a mamá para subir a enseñártelo.

Joseph escucha el atropellado relato de Andrew. Para su sorpresa, ve que su hermano abre la página del *Correo de la Ciudad* y pincha en un vídeo cuya descripción no tiene tiempo de leer.

De pronto, frente a sus ojos empiezan a desfilar imágenes que al principio no entiende, pero que van cargándose de significado a medida que pasan los segundos.

Sego y su Banda preparando paquetes de algo que parece droga en un almacén cercano a la Fábrica, perfectamente reconocible.

Son ratas de cloaca, entre aguas residuales,
arrastrando suciedad a nuestros hogares,
saturando de miedo nuestros ideales.
Hoy seré el insecticida que los pare.

—¡Los ha grabado, Joseph! La letra de la canción está circulando por todas partes, con nombres, apellidos, lugares… ¡Todo! —Andrew está entusiasmado—. Y eso no es lo mejor. Esta mañana, la policía ha hecho una redada en el almacén y les ha confiscado todo el material a esos cabrones. ¡Esto es muy fuerte, Joseph!

—¿Han pillado a Sego?

—No, tío, ojalá. Solo han trincado a unos pocos, los que estaban de guardia. Pero es cuestión de tiempo. A esos cerdos les han cortado el chorro.

Andrew sigue navegando por la página del periódico.

Y Joseph no da crédito a lo que ve.

«Justiciero misterioso sabotea el tráfico de drogas de la Ciudad.»

«¿Héroe o leyenda urbana? »

«¿Quién es Darko?»

—Oye, ¿te encuentras bien?

Las avispas pican con saña. El dolor es tan fuerte que Joseph tiene que sentarse en la cama de Andrew y proteger la cabeza entre sus manos.

Se da cuenta de que el movimiento de Darko hará que su arranque de valentía pase totalmente desapercibido. De que su grito ha sido ahogado por la misma persona que lo inspiró a gritar.

Por una parte, eso le hace sentir tremendamente triste.

Pero, por otra, nota que le invade una oleada de alivio.

En realidad, es mejor así.

—¿Joseph? —insiste su hermano.

—Sí, no te preocupes, no pasa nada —responde—. Es que no he dormido muy bien esta noche. Me duele la cabeza.

Andrew vuelve a centrarse en el vídeo.

—¿Te das cuenta de lo que significa esto? —dice, con los ojos brillantes de la emoción—. ¡Van a ir a por ellos, Joseph! Ahora que hay pruebas, ahora que todo el mundo sabe lo que pasa aquí, no tienen escapatoria. ¡Darko es como Shadow, un héroe en la sombra! ¡Lo va a conseguir!

—Puede… —comenta Joseph—. Si las bandas no lo encuentran antes.

—No van a encontrarlo, nadie sabe quién es —responde su hermano, muy seguro.

Viper piensa que tú tienes algo que ver con Darko, le dice Anne en su cabeza.

—Ojalá tengas razón.

Joseph sale de la habitación de Andrew y entra en el baño.

Cuando anoche publicó su canción, sabía que estaba exponiéndose demasiado, pero la cruzada personal de Darko acaba de colocarle en el punto de mira. A él y a su familia.

Si Sego se enterase…

Mientras oye cómo el agua golpea la cerámica del plato de ducha, Joseph comprende que no está preparado para lo que se le viene encima. Respira hondo, lo intenta con todas sus fuerzas, pero no consigue que las piernas dejen de temblarle.

Las gotas de agua caliente son un baño de vergüenza y decepción.

Porque el terror que le invade es la prueba definitiva de que Anne estaba equivocada.

Joseph nunca podrá hacerlo mejor que Darko.

Nunca será tan valiente, ni tan brillante.

Joseph vuelve a su cuarto y recoge la camiseta que ha dejado doblada en el respaldo de la silla. Sin querer, mueve el ratón, y la pantalla del monitor se enciende con una luz azulada. El vídeo de Darko en el que colgó su propia canción, su particular arranque de valentía, sigue cargado.

Y ahora palpita.

Desde anoche, el vídeo que grabó a oscuras ha recibido más de mil visitas.

Lo ha visto el equivalente al instituto entero.

Pero eso no es lo que más le abruma.

Justo debajo de su comentario, hay una respuesta.

Joseph no tiene manera de saberlo, pero está seguro de que ha sido él, el propio Darko, quien ha contestado a su mensaje.

«Estoy contigo. No ganarán. En esta lucha, mi voz es tu voz.»

A Joseph se le llena el pecho de orgullo.

Puede que nunca consiga hacerlo mejor que Darko.

Pero, esta mañana, su mensaje, el de ambos, está en los ojos de todos.

Se ha grabado a fuego en los tímpanos, en las retinas, de quienes han escuchado sus canciones, de quienes han leído sus comentarios.

Y, con un poco de suerte, también los ha hecho despertar.

29.

En el trayecto al instituto, Joseph siente la presencia de Darko en todas partes.

Se palpa en el aire, como si la Ciudad se hubiera despertado con una especie de luz nueva. Da la sensación de que la sombra del dragón se ha encogido y que el bosque de edificios muertos ha resucitado gracias a la música incendiaria que flota en el ambiente.

La última canción de Darko se ha convertido en la banda sonora de la Ciudad. Se escucha a través de las ventanillas de los coches, se cuela por las puertas de las tiendas, retumba en los auriculares de los que caminan solos, chirría con un deje metálico en los altavoces de los móviles alrededor de los cuales se agolpa la gente para ver el vídeo del que todo el mundo habla.

—Es increíble. Parece haberle llegado a todos los habitantes de la Ciudad —dice Joseph, alucinado—. ¿Habrán visto también mi canción? —pregunta Joseph.

—¿Tu canción? —pregunta Anne, con los ojos como platos—. ¿Te has atrevido a grabar una canción?

—Uy, ya te digo. Y el tío lo ha hecho por la puerta grande: la ha dejado en los comentarios del vídeo más visto de Darko —ríe Frank, dándole un codazo suave en las costillas a su amigo—. Deberías escucharla, porque, además, va sobre ti —Joseph abre la boca para protestar, pero Frank le interrumpe—. Pero es que no solo ha subido una canción, ¡es que además el propio Darko le ha contestado al comentario!

—¿Y cómo estás tan seguro de que quien me ha contestado ha sido Darko?

—Eh… Bueno… Porque he sido yo el que he hecho viral el vídeo —titubea Frank.

—¿QUÉ? —Joseph se para en seco—. ¿Tú eres Darko?

—¡Baja la voz, gilipollas! —Frank le tapa la boca—. ¡Yo no soy Darko!

—Pero... —razona Anne—, ¿sabes quién es?

El volcán Frank vuelve a hacer erupción.

—Darko contactó conmigo anoche desde un ordenador con IP de la Ciudad y me pidió ayuda para difundir el vídeo. Dijo que necesitaba que llegara a todos los habitantes de la ciudad—resopla—. Yo me quedé a cuadros, claro, pero conseguí acceso a un par de bases de datos y... —cuando los tres llegan al control, la voz de Frank se apaga y susurra—: Bueno, ya sabéis el resto.

Joseph empieza a hacer recuento.

—Entonces, sabemos que Darko está en la Ciudad, sabemos que conoce a Frank...

—Y también que te conoce a ti —añade Anne—, porque empezó a publicar sus canciones a raíz de lo que te hizo Sego.

—Sí —ahora no tiene más remedio que admitirlo—. ¿Se os ocurre quién puede ser?

—Yo pensaba que era Lyzard, pero... —Frank parece decepcionado.

—Yo creo que es alguien del instituto —se aventura Anne—. Al principio, yo también creía que era Lyzard, o alguien así. Pero, después de lo de hoy...

Joseph se da cuenta del alcance de sus palabras.

Darko podría ser uno de ellos, podría estar allí ahora mismo.

Los tres pasan el control en silencio y miran a su alrededor, inspeccionando uno a uno los rostros de los alumnos de la fila. Mientras tratan de identificar en ellos algún gesto, algún indicio, que les indique que se encuentran ante el misterioso salvador de la Ciudad, ven los trapicheos de siempre: los matones de Viper van repartiendo disimuladamente su mercancía entre los chavales de manos temblorosas y mirada perdida, consumidos por el veneno con el que trafican.

Buscan una diferencia, algo que les indique que las cosas han cambiado, pero con lo único con lo que se encuentran es con la lengua partida de Viper.

Más venenosa que nunca.

—Rodeadlo —dice.

Tres matones se abalanzan sobre ellos y, en cuestión de segundos, Joseph se ve apartado de Frank y Anne y encerrado en una muralla humana. Uno de los matones sostiene la afilada punta de una navaja justo debajo de su nuez, y Joseph nota cómo una gota de sangre caliente le recorre el cuello hasta el borde de la camiseta.

—Apartaos —dice.

Debería estar nervioso, pero su voz suena segura y fuerte.

No parece la suya.

Viper se queda descolocado durante un segundo, pero se recobra enseguida.

—Aquí no se va a apartar nadie, gilipollas —sisea Viper, rodeando a Joseph con movimientos ondulantes, sinuosos, mientras agita un trozo de papel en el aire—. Antes vas a tener que cantar.

A Joseph se le corta la respiración cuando ve las frases que hay escritas en la hoja que tiene Viper.

No es la letra de la canción de Darko.

Es la suya.

—Viper, déjame en paz —le dice—. Yo no soy Darko.

—No, claro que no —le escupe Viper—. Tú eres un mierdas. Pero sí sabes quién es, ¿verdad? Tú lo sabes y vas a decírmelo.

Joseph aprieta los dientes, hace crujir los puños.

Los secuaces de Viper le agarran de los brazos y lo sujetan con fuerza. No puede moverse.

Viper no desaprovecha la ocasión. Acumula toda su rabia en el puño y se lo encaja a Joseph en la boca del estómago.

—¡Joseph! —Anne está cerca, en alguna parte.

Anne…

Las avispas le aguijonean el cerebro, enloquecidas.

Pero no grita.

Viper le estampa el folio contra la nariz y se lo restriega contra la cara.

—Venga, imbécil. ¿Quieres ser como él? ¡Pues venga! Si tienes cojones, canta aquí, delante de todos —le grita Viper—. Y, ya de paso, vas a cantar quién es ese hijo de puta de Darko, porque la paliza que te vamos a dar a ti va a ser de risa comparada con la que va a llevarse él.

La mano de Viper, huesuda y afilada como un colmillo, le hace daño en la cara.

Joseph cierra los ojos para no tener que ver las letras bailando frente a ellos.

Inspira.

Las avispas se callan.

Espira.

Tiene hormigas en los puños.

Tiene murciélagos en la boca.

Decide que es hora de dejarlos salir.

Con un fuerte tirón se libera de los brazos que sujetan los suyos. Se pone en guardia, esquiva y se abre paso a través de la muralla humana que lo rodea con tres izquierdazos dignos de un boxeador profesional.

Pum, pum, pum.

La diestra se la tiene reservada a Viper.

¡PUM!

Todo ha ocurrido muy deprisa.

Tanto, que nadie sabe muy bien qué hacer a continuación.

Viper lo mira desde el suelo, atónito, sangrando a chorros por la nariz.

Los matones miran a Viper, confusos, esperando una orden.

Joseph los mantiene a todos a raya con la mirada, listo para defenderse.

Debería aprovechar la sorpresa.

Debería intentar huir.

Volver a casa, encerrarse en su cuarto, meterse en la cama.

No salir nunca más.

Pero no lo hace.

En lugar de eso, Joseph canta, de memoria, desde lo más hondo de su ser.

Y los murciélagos inundan el patio del instituto.

Cuando llegue el día morirán,
pero tu serás leyenda te recordarán
por vivir y no por sobrevivir,
por ir en contra del viento
y aprovechar el tiempo que hay en ti,
es el secreto de la inmortalidad.
Tú sabes lo que vales, si te sabes valorar,
no habrá éxito que no puedas lograr.

—¡A por él! —Viper se incorpora, rojo de furia—. ¡La canción es suya! ¡Sabe quién es Darko!

Joseph se encoge, adopta la postura defensiva que tantas veces ha practicado en el gimnasio de M, preparado para la avalancha de golpes.

Pero los golpes nunca llegan.

Porque, a su lado, Joseph ve a Andrew.

Ve a Frank.

Ve a Anne.

A su lado ve otras muchas caras que no conoce de nada, un ejército de voces que canta mucho más fuerte de lo que podría hacerlo solo, que corea su canción.

Un ejército de voces que dice «basta».

30.

Sego observa con atención el escaparate de la tienda que hay al otro lado de la plaza.

Tiene la espalda apoyada en el edificio de enfrente, sus ojos están entrecerrados para enfocar mejor y respira lenta y pausadamente.

Parece tranquilo.

Como una pantera.

Junto a él, Viper, diez centímetros más bajo, es puro nervio. Golpea compulsivamente el pavimento con la suela de la zapatilla, se pasa la mano por el pelo, se humedece los labios con su lengua partida una y otra vez.

Se agita, se mueve, se retuerce.

Como una serpiente.

—Tranquilo —susurra Sego con un ronroneo—. Todavía no es el momento.

A través del cristal, nuevo, liso y transparente, Sego ve que una mujer parte un pastel detrás de un mostrador. De una especie de almacén sale un hombre más o menos de su estatura, más o menos de su edad, que se quita un delantal, se sacude las manos, y la besa en el cuello. Frente a ellos, dos chicos jóvenes, uno un poco más alto que el otro, ríen y se dan codazos, le tienden un plato a la mujer para que les ponga una porción de tarta.

Parece una familia feliz.

Parece que celebran algo.

Sego los observa fijamente, los ve reír en silencio, comer pastel, intercambiar bromas.

Las últimas bromas que van a intercambiar en mucho tiempo.

Sego extiende los brazos delante del cuerpo y entrelaza los dedos. Se estira como un gato. Los dedos chasquean tan fuerte que el crujido casi retumba en el silencio de la calle. Luego, mueve el cuello en círculos, primero hacia un lado, luego hacia el otro. Por último, sacude las rodillas como si fuera a echar a correr en cualquier momento.

Viper le observa en silencio. Agarra con tanta fuerza el asa del bidón de plástico que lleva en la mano que ha perdido por completo el color en los nudillos.

—Suelta eso —le dice Sego, sin mirarle.

—Pero… —protesta Viper con un siseo.

—De momento, no va a hacernos falta —le dice mientras cierra el puño derecho alrededor de la barra metálica que hay apoyada en la pared junto a él.

Sego echa a andar con paso firme y decidido. Cada una de sus pisadas parece de plomo. Viper lo sigue de cerca, arrastrando los pies por la arena, produciendo un desagradable crujido a su paso.

Cuando llegan a la puerta de la panadería, Sego empuña la barra metálica y acaricia con su borde afilado las cinco letras pintadas con espray blanco sobre el fondo negro de la pared.

«DARKO».

—¿Estás seguro de que le conoce? —le pregunta a su hermano antes de hacer su entrada triunfal.

—Completamente —dice Viper—. Anoche, antes de que Darko subiera el vídeo del cuartel, ha enlazado en los comentarios una canción propia para lloriquear porque hemos dejado sin casa a su novia. Si hasta le ha contestado, y todo, su amiguito el encapuchado: «En esta lucha, mi voz es tu voz». ¿Dónde está tu querido Darko ahora? ¿Dónde estaba esta mañana, cuando te lo he sacado todo a hostias? —se crece.

Sego dirige la mirada a los nudillos de su hermano. Blancos, sin un rasguño. Mira su nariz. Roja, hinchada.

Viper mira al suelo y se baja los puños de la sudadera, avergonzado.

—Ya veo —comenta Sego con un susurro ronco—. Toma esto —le dice, ofreciéndole la barra de metal—. Vas a necesitarla más que yo.

Sego se lleva el índice y el anular de las dos manos a la comisura de los labios y lanza un potente silbido. De las sombras al otro lado de la plaza emergen otros tres miembros de la banda. Uno de ellos se acerca a la pared desde donde Sego y Viper vigilaban un momento antes y recoge el bidón de plástico del suelo.

Sego le da una patada a la puerta, y entra en la panadería como un vendaval.

Viper se desliza tras él como si fuera su sombra.

Al verlos aparecer, al hombre se le cae el plato al suelo. La mujer sale de la barra y se coloca frente a los dos chicos con gesto protector.

Uno de los chavales empieza a temblar.

El otro se queda quieto, inmóvil, como si todo en él estuviera hecho de hielo.

Todo, menos los ojos.

—Buenas tardes, familia —dice Sego, con voz teatral—. Siento mucho interrumpir la merienda, pero es que necesito que aquí el héroe me proporcione urgentemente una información.

Sego se acerca al chico de los ojos incendiados y le agarra por el cuello de la sudadera con un movimiento tan ágil y rápido que nadie alcanza a reaccionar.

—Dinos quién es y dónde está —ordena, pronunciando las palabras entre los dientes apretados.

—Joseph, ¿de qué está hablando? —dice la mujer.

—¡Joder, Joseph, si lo sabes díselo! —chilla el otro chico cuando ve que Viper apunta con la barra de hierro al hombre.

—No sé quién es —dice Joseph con voz tranquila—. Y no sé dónde está.

«Y, aunque lo supiera, no te lo diría», parece dar a entender su tono de voz.

—Mi hermano dice que no, pero tienes unos cojones impresionantes —dice Sego—. De verdad que me caes bien, chaval. No quiero tener que darte otra paliza, pero me estás dejando sin opciones. Tercera y última oportunidad: quién es y dónde está.

Joseph no contesta. Clava en Sego sus ojos incendiados, como si quisiera calcinarlo. Como si realmente pudiera hacerlo.

—Bueno, está visto que no tienes instinto de conservación. No voy a conseguir nada mandándote otra vez al hospital, así que vamos a intentarlo de otra forma —Sego suelta a Joseph y hace una seña con la mano.

Los otros tres matones entran en la panadería.

El primero lleva en la mano un trozo de cuerda.

El segundo, un bidón de plástico.

El tercero, un mechero plateado.

—¡No! ¡NO! —grita Joseph—. ¡No sé quién es Darko y no sé dónde está! ¡Lo juro! ¡Por favor, no hagáis daño a mi familia!

—Bien, parece que vamos progresando —ríe Sego, divertido—. Pero esa no es la respuesta que esperaba. A ver si con otro empujoncito…

Viper y los matones atan a la familia con la cuerda mientras Sego se dedica a pasear teatralmente por la tienda y derrama por todas partes el contenido del bidón de plástico.

—Desde luego, es una panadería muy bonita…

—¡NO SÉ QUIÉN ES, SEGO! ¡TE LO JURO! —suplica Joseph, revolviéndose.

—Vaya —comenta Sego—. Pensaba que el olor a gasolina igual te hacía recapacitar, pero veo que me he equivocado. ¿Necesitas algo más fuerte? —Sego gira la ruedecilla del mechero y en la punta florece una diminuta llama—. ¿No?

Joseph gruñe y se retuerce, histérico, lanzando llamas por los ojos mucho más intensas que la del mechero.

—Una pena, entonces —dice Sego, dejándolo caer al suelo.

Las llamas se extienden como lenguas por toda la panadería.

—¡Joder, no habla! —protesta Viper—. ¡Dinos quién es Darko, gilipollas!

—¡Salid de aquí! ¡Ya!

Sego hace otro gesto y los matones salen de la panadería. Empuja a su hermano y, justo antes de salir por la puerta, coge la cuerda y tira con fuerza para arrastrar a la familia fuera de la tienda.

—Espero que los fuegos artificiales te refresquen la memoria —susurra justo antes de desaparecer en la oscuridad.

Atada en medio de la calle, impotente, la familia de Joseph ve cómo las llamas devoran lenta e implacablemente el esfuerzo de toda una vida.

ESTRIBILLO

A casi todo el mundo le da miedo la oscuridad.

Seguro que a ti también.

Venga, piénsalo.

No vale que pienses en una de esas noches de verano en las que se te hace de día contando cuántas estrellas fugaces caen del cielo, no.

Piensa en la negrura viscosa del carbón o el petróleo.

Piensa en la huella oscura que queda después de un fuego.

En esa oscuridad de la que no brota nada, en la que nada puede vivir.

En la oscuridad del vacío.

En la oscuridad de la desesperación.

No te gusta, ¿verdad?

A mí tampoco.

Ni siquiera le gusta a él.

Esta no es la oscuridad que respira, de la que se nutre, que le camufla.

Este no es su elemento, sino un rastro de muerte y destrucción.

Un sendero abrasado que borra cualquier esperanza.

Recorre el esqueleto calcinado de la panadería.

Roza las paredes con las yemas de los dedos, se las mancha de negro.

Se agacha para hundir las manos en las cenizas, calientes y suaves.

Se llena los pulmones de un aire sin oxígeno, pesado, pegajoso, que trae consigo un olor a cosas muertas.

Cierra los ojos, se concentra.

Agudiza los sentidos, intenta detectar una semilla, una sola, capaz de emerger de donde ya no queda nada.

Pero no la encuentra.

En este momento, seguramente tú y yo perderíamos la cabeza.

Nos arrodillaríamos en el suelo.

Nos echaríamos a llorar, desesperados.

Hasta quedarnos sin lágrimas y sin voz.

Pero él no.

Porque sabe que de las tinieblas siempre surge algo poderoso.

Piénsalo.

El carbón y el petróleo alimentan el fuego, son combustibles.

Las cenizas nutren la tierra.

El vacío no es más que un espacio que espera ser llenado.

La desesperación solo se combate con esperanza.

En el fondo, la oscuridad nos da miedo porque representa el final.

La nada.

Y la nada es el peor de los monstruos.

Pero él sabe que no es así.

El peor de los monstruos es rendirse ante ella.

Sucumbir al miedo, dejar que se apodere de ti.

Dejarse morir.

La oscuridad es su elemento, aunque esta negrura carbonizada le resulte aterradora.

La oscuridad es su elemento, y él sabe que a veces hay que tocar fondo, un fondo oscuro, para poder salir a flote de nuevo.

Para resurgir con más fuerza.

Así que inspira hondo.

Recorre otra vez el local con los ojos cerrados.

A oscuras, lo reconstruye mentalmente como quien rebobina una película.

Levanta muros, pinta paredes.

Recompone el puzle de cristales rotos de las ventanas.

Coloca los muebles donde siempre han estado.

Sabe que va a necesitar mucho más que su imaginación para que todo vuelva a ser como era.

Va a necesitar palabras.

Palabras como puños.

Palabras como armas.

Y un ejército que quiera empuñarlas.

Llenar la nada con ellas.

Y conseguir que, de las cenizas, todo vuelva a renacer.

TERCERA ESTROFA

31.

Las ruinas de la panadería todavía humean a la mañana siguiente.

En la plaza se congrega una pequeña multitud de curiosos que cuchichea y pregunta sobre el cómo, el cuándo y el por qué. Y, sentado sobre el respaldo de un banco, con los pies en el asiento y la cara oculta por una capucha, hay un chico.

Ese chico es el único que no mira los restos del incendio.

Con los ojos rojos clavados en el suelo.

Los puños cerrados.

Los labios tensos.

—Joseph —le llama una voz. Una mano le aprieta suavemente el hombro.

Cuando levanta la cabeza, se encuentra con la cálida mirada de Anne.

De pronto, en su pecho se abre la compuerta de una presa y todo se inunda con agua turbia. El agua trepa por su cuello y su garganta y se desborda por sus ojos.

Joseph no quiere que Anne le vea así. La abraza con fuerza y entierra la cara en el hueco de su hombro hasta que la marea se calma y los ojos enrojecidos vuelven a estar secos.

—Oh, no… —la voz de Anne se convierte en sollozo cuando ella también se fija en las cenizas de la panadería—. He venido en cuanto lo he sabido... ¿Y tu familia? ¿Están bien?

Joseph se encoge de hombros y asiente en silencio.

Ella le pasa la mano por debajo de la capucha de la sudadera, y le acaricia la mejilla como cuando se estaba recuperando de la paliza de Sego. Aunque eso no consigue aplacar a las avispas, notar el calor de Anne en el rostro le alivia.

Mira lo que he hecho, Anne, quiere decirle. *No dejo de hacer daño a la gente que me rodea. Lo he estropeado todo.*

Pero no lo dice.

Sabe que nada de esto es culpa suya.

Ni suya, ni de Darko.

Porque esa fue la primera reacción de sus padres cuando consiguieron desatarse y corrieron a intentar apagar, sin éxito, las llamas que consumieron en pocos minutos lo que ellos habían tardado años en construir.

Culpar a Darko.

No hay que levantar la voz. No hay que provocar a las bestias. No hay que despertar al dragón.

Siempre que las desgracias les ocurran a otros, lo mejor es mirar hacia otro lado, dejar que quienes siembran el miedo hagan su voluntad.

Agachar la cabeza, ser sumisos, pasar desapercibidos.

Culpar a Joseph.

Por apoyar a Darko.

Por creer en él.

Eso es lo que piensan sus padres. Sus padres y la inmensa mayoría de ojos curiosos y asustados que observan el cascarón vacío y negro de lo que una vez fue la panadería de su familia.

Porque ya no tienen nada.

Nadie corea sus canciones. Las radios de los coches están en silencio. Las ventanas de las casas y las puertas de las tiendas están cerradas.

Su presencia se ha diluido en el aire de la Ciudad como las volutas de humo que caracolean entre los restos carbonizados de la tienda.

Joseph siente ganas de zarandearles, de gritarles que se equivocan.

Que no pueden dejar que Sego gane.

Que seguir creyendo en Darko y tener esperanza en él es la única salida.

Pero no puede.

Porque ni él mismo lo cree ya.

—Joseph, tu madre te llama —le dice su amiga, con suavidad.

Joseph asiente y, cogido del brazo de Anne, atraviesa el corrillo de curiosos hasta llegar a la tienda.

En la puerta se encuentra con Frank.

—¡Joder, tío! ¡Lo siento muchísimo! ¡Menos mal que no os ha pasado nada!

Frank le da un abrazo y, luego, vuelve la cabeza hacia los restos carbonizados del incendio. Está pálido, tiene los ojos llenos de lágrimas.

Joseph se da cuenta y abraza a su amigo en silencio.

Un silencio que intenta decirle que las brasas, la ceniza, el carbón, tampoco son culpa suya.

Que lo que hizo estuvo bien.

Que seguir creyendo en Darko y tener esperanza en él es la única salida.

—Joseph —le llama su madre—. Necesito que vengas un momento, por favor.

Se separa de sus amigos y se dirige al lugar donde un hombrecillo gris, trajeado y serio, apunta cosas en una libreta mientras interroga a su familia.

En la identificación que cuelga de la solapa de su chaqueta, Joseph lee: «Inspector de seguros».

En la tapa del cuaderno, en el bolígrafo y en el maletín que ha dejado apoyado en el suelo, Joseph ve el logo de la Compañía. Uno de los muchos negocios en los que el buitre tiene metidas sus afiladas garras.

—Por favor, cuéntale a este señor lo que pasó anoche —le pide su padre.

—No es necesario —interrumpe bruscamente el inspector. Parece incómodo, o tener mucha prisa—. Solo tiene que contestar a unas preguntas muy sencillas. ¿Me puedes decir si los supuestos asaltantes forzaron la puerta para entrar?

—¿Forzar la puerta? —se extraña Joseph—. No hacía falta. La panadería todavía estaba abierta.

—Ajá —dice el hombrecillo, apuntando rápidamente en su libreta—. ¿Y no había nadie más en el interior de la panadería, salvo tu familia y tú?

—Era muy tarde, estábamos a punto de cerrar. A esa hora ya no vienen clientes… —se adelanta su madre.

—Y dicen también que el local no disponía de cámaras de seguridad.

—¡Por favor ¡Que es una panadería, no un banco! —se queja su padre, irritado—. ¿Usted sabe cuánto cuesta mantener eso?

—Sí que lo sé, caballero —dice el inspector—. Es exactamente la diferencia entre que el seguro cubra o no los daños del incendio. Las puertas no están forzadas, no hay testigos ni grabaciones que corroboren su versión de los hechos. Por lo que a mí respecta, ustedes mismos podrían haber provocado el incendio para cobrar la indemnización.

—¿Cómo? —salta Andrew—. ¡Pero qué coño está diciendo, imbécil! ¡Estuvieron a punto de quemarnos vivos!

—Shhh… —le chista su madre, atemorizada—. Tranquilo, hijo.

El empleado de la aseguradora estampa un sello en el informe y se lo entrega al padre de Joseph.

«Indemnización denegada», se lee en el papel.

—Buenos días —dice el inspector.

Y se marcha.

Caminando hacia el bosque de edificios muertos.

Disolviéndose en las sombras que proyecta el dragón.

Cuando termina el espectáculo, el corrillo de curiosos también se disuelve silenciosamente.

Solo se quedan ellos.

Ellos y sus amigos más cercanos.

Ellos y sus cenizas.

32.

—Tenéis que ir al instituto, no hay más que hablar —sentencia su padre con un tono severo que Joseph no le ha oído emplear con el inspector.

—Pero ¡qué dices, papá! ¿Para qué? ¿Para fingir que no ha pasado nada? ¿Que esos cabrones no nos han destrozado la vida?

Andrew está hecho una auténtica furia, es incapaz de controlarse. Su padre está nervioso, pero se mantiene firme. Su madre llora.

Y, mientras tanto, Joseph calla.

No sabe muy bien por qué, pero está tranquilo.

Quizá es porque las avispas no zumban.

O porque las hormigas no pican.

O porque los murciélagos no chillan.

Siente que su cuerpo está dormido, anestesiado. Que sus hombros pesan demasiado. Que entiende por qué sus padres quieren que vuelvan a clase.

Pretenden que la vida siga igual, llamar la atención lo mínimo posible.

Hacer como si no hubiera pasado nada.

Lo entiende.

—Andrew, cállate —le dice Joseph.

—¡No! —Andrew sigue chillando—. ¿Porque sabes a quién vamos a encontrarnos allí, papá? A Viper, el que ayer te apuntaba con una barra metálica a la cara, el hermanito del que casi nos...

—¡CÁLLATE!

El grito de Joseph resuena como un trueno en los cuatro pares de oídos.

Todos se quedan mudos y lo miran atónitos.

No sabe de dónde ha sacado esa voz que no reconoce.

Se parece a la del chico valiente que consiguió reunir a un ejército para enfrentarse a Viper y sus matones.

Se parece a la del chico valiente que grabó aquella canción en la oscuridad de su habitación para salvar a Anne.

Se parece a la de Darko.

Joseph se lleva una mano a la garganta, como si no la sintiera suya. Carraspea un poco y traga, intentando que la saliva se lleve al dueño de esa voz extraña.

—Venga, Andrew. Vámonos —le pide, mirándole fijamente y señalando hacia el amasijo de maderas y ladrillos quemados que los rodea—. Dales un respiro.

Andrew ve algo en los ojos de su hermano que no comprende del todo, pero que a la vez lo tranquiliza y le anima a obedecer.

Juntos, los dos se acercan al banco donde Frank y Anne esperan en silencio.

—Vamos a clase —les dice Joseph.

—¿Cómo? —Frank arruga la frente—. Estáis de coña, ¿verdad?

—Pero, Joseph, os vais a encontrar con… —empieza a decir Anne.

No se atreve a pronunciar su nombre.

—Exacto —declara Joseph.

Joseph entiende a sus padres, de verdad que sí.

Pero no piensa rendirse.

Y, entonces, Andrew comprende.

Todos comprenden.

Anne y Frank intercambian una mirada de preocupación, pero no dicen nada.

—Si no queréis acompañarnos, lo entiendo.

Joseph se da la vuelta y echa a andar hacia la plaza del Distrito 24, con Andrew a su lado. Pasados unos segundos, sus amigos se levantan y se adentran con ellos en el bosque de edificios muertos.

Aunque hoy la sombra del dragón parece haberse apoderado otra vez de la Ciudad, ninguno de ellos se deja intimidar por la silueta de la Fábrica, ninguno de ellos mira de reojo al doblar las esquinas, ninguno de ellos aprieta el paso mientras recorren las calles desiertas.

Cuando llegan frente al instituto, ninguno de ellos tiene miedo.

Porque ya no hay nada que perder.

La gente se aparta cuando los ve aparecer. Les abre camino.

Todo el mundo sabe lo que ha pasado, es un secreto a voces, flota en el ambiente desde primera hora de la mañana.

La gente se aparta, les abre camino, los guía.

Hasta él.

Viper está en el control de seguridad, sobornando como siempre a los guardias para que le dejen pasar mercancía dentro del instituto.

Está solo. Se exhibe. Tan crecido, tan seguro, que ni siquiera ha querido que lo escolten sus matones de siempre.

Muestra una sonrisa radiante, poderosa.

Una sonrisa que se tuerce en cuanto los ve aparecer.

Viper mira a su alrededor, incrédulo. Hoy, la noticia del incendio viaja a toda velocidad de los labios temblorosos a los oídos asustados. Hoy las cosas han vuelto a la normalidad, su hermano les ha enseñado quién manda en la Ciudad. A quién hay que tener verdadero respeto.

Hoy nadie va a corear ninguna canción estúpida.

¿Verdad?

Un escalofrío recorre su espalda.

Porque hoy nadie mira hacia otro lado. Hoy nadie hace como si lo que está a punto de suceder no fuera inminente. Hoy todo el mundo observa con atención cómo Joseph avanza hacia él, seguro y decidido, cada vez más deprisa, cada vez más furioso. Su hermano le sigue de cerca, con la misma mirada asesina.

Eso no es normal.

Viper empieza a asustarse.

Sus piernas tiran con fuerza de él. Sabe que no debe hacerlo, pero empieza a retroceder. Empieza a arrastrarse como una víbora cobarde.

Si Sego le viera, se avergonzaría de él.

Ahora, Joseph y Andrew corren. En sus ojos no hay miedo, solo un brillo cegador, mucho más intenso que las llamas que consumieron anoche su vida entera.

Sabe que no debe hacerlo, pero Viper da media vuelta, les da la espalda.

Intenta huir como la serpiente que es.

No tiene ninguna oportunidad.

Los dos hermanos son mucho más rápidos.

Se abalanzan sobre él.

Lo derriban.

Lo rodean.

Viper se encoge en el suelo y se protege la cara con las manos. Pero no recibe ningún golpe.

Joseph y Andrew lo levantan del suelo.

Al principio, Viper no comprende, pero un momento después se da cuenta de que sus enemigos no son tan rastreros como él. Le dan la oportunidad de defenderse.

Andrew coge una piedra del suelo y la aprieta con fuerza en su mano crispada.

Joseph se tensa, se pone en guardia con una pose mil veces ensayada en el gimnasio.

Hoy las avispas no zumban.

Hoy los murciélagos callan.

Hoy, las hormigas son las que tienen el control. Le muerden rabiosas los nudillos, se preparan para triturar a la serpiente con sus tenazas diminutas.

Viper cierra los ojos y espera el primer golpe.

Pero el primer golpe no llega.

—¡Están ahí, están ahí otra vez! —Viper oye la voz del Rata—. ¿Ahora me cree?

Cuando vuelve a abrir los ojos, Viper ve que una diminuta silueta, vestida de negro de pies a cabeza, se interpone entre él y los dos hermanos.

Una silueta pequeña, pero poderosa.

—Joseph, Andrew, acompañadme a mi despacho —dice la voz severa de la Directora. Y en voz más baja añade—: Por favor.

Viper contempla, incrédulo, cómo los músculos de los dos hermanos se relajan, cómo su agitada respiración se calma y cómo siguen a la Directora sin quitarle los ojos de encima.

Durante un segundo, piensa que ha vuelto a ganar.

Pero después se da cuenta de que hay muchos más ojos clavados en él.

Miradas quietas, distantes, todavía inseguras.

Pero penetrantes, oscuras. Las miradas de odio de todo un ejército.

Miradas que dan mucho más miedo que cualquier puñetazo.

33.

El Rata escolta a Joseph y Andrew mientras la Directora los guía con paso marcial hacia su despacho. Sus cortos pasitos de roedor resuenan por el pasillo mientras se pega a ellos como si su ridícula presencia bastara para intimidarles.

Ese triste hombrecillo seguramente piensa que acaba de marcar un tanto importante ayudando hoy a Viper, que al fin se ha ganado el favor de su Banda.

Que ha hecho lo que había que hacer para sobrevivir.

Joseph y Andrew tampoco se arrepienten de lo que han estado a punto de hacer. Están dispuestos a aceptar las consecuencias.

Con orgullo.

Sin miedo.

Después de todo, ¿qué más pueden perder?

Antes de abrir la puerta del despacho, la Directora se vuelve hacia ellos. Ni uno solo de los músculos de la cara fría y rígida, como la de una estatua, parece alterarse cuando sus ojos grises se posan en las miradas desafiantes de Andrew y Joseph.

Ni cuando reparan en la sonrisa de triunfo del Rata.

—Pasad, chicos —les pide. Cuando ve que el jefe de estudios se dispone a entrar, extiende el brazo y añade—: Me gustaría hablar con ellos a solas.

La mueca del Rata pasa a cámara lenta de la victoria al desconcierto más absoluto. El gesto de la Directora le duele casi tanto como un golpe físico y, cuando comprende que es muy probable que la reunión no vaya a resolverse como él esperaba, en sus rasgos vuelve a despuntar el miedo.

—Pero… —avanza un paso.

La Directora no discute. Se limita a entrar en el despacho y cierra la puerta con un golpe que retumba en todo el pasillo.

—Sentaos —pide mientras ella hace lo propio.

Durante unos segundos, nadie dice nada.

La Directora se recuesta en el asiento y los examina atentamente con los dos témpanos de hielo que tiene en vez de ojos. Joseph casi puede sentir cómo bucea con ellos en su mente, cómo sus puntas afiladas compiten con los aguijones de las avispas mientras intenta ver a través de él.

El dolor de cabeza, del que hoy se creía a salvo, vuelve a visitarle ahora con más intensidad que nunca, pero Joseph se esfuerza por disimular, por mantenerse tranquilo.

Andrew, en cambio, es un manojo de nervios.

—No le hemos hecho nada —dice. No lo hace para justificarse, se limita a constatar un hecho.

—Porque no habéis tenido tiempo —responde la Directora.

Ninguno de los dos la contradice.

La Directora espera unos segundos, por si alguno de ellos quiere añadir algo más, pero Joseph y Andrew permanecen en silencio.

Parece mucho más vieja y cansada cuando habla.

—Me he enterado de lo que ha pasado esta mañana —dice—. Entiendo cómo os sentís. Entiendo que estáis furiosos y frustrados. Pero no podéis tomaros la justicia por vuestra mano. No puedo permitirlo, por el bien de todos. Creo que lo mejor es que hoy os vayáis a casa.

—¿Nos está expulsando? —pregunta Andrew, incrédulo—. ¡No puede hacerlo! ¡No le hemos hecho nada!

—No nos está expulsando, Andrew —precisa Joseph—. Solo nos manda a casa.

Para que lloremos sobre las cenizas de nuestra tienda.

Para que veamos cómo nuestros padres entierran el trabajo de toda una vida.

Para que aprendamos a tragarnos nuestro orgullo, a mirar hacia otro lado.

Así son las cosas.

Joseph comprende de pronto que la dureza de esos ojos grises no es un signo de frialdad ni de severidad. Eso es solo una armadura.

Es un signo de impotencia.

—Venga, Andrew, vámonos —dice, levantándose de la silla.

—¿Qué? ¿Y ya está? —su hermano no entiende nada de lo que está pasando—. ¿Y qué pasa con ese cabrón? —explota—. Porque ya no es solo que su hermano nos haya quemado la panadería delante de nuestras narices, sino que él trafica con drogas aquí dentro. ¡Y usted lo sabe, pero no hace nada!

La Directora aprieta los dientes. Se revuelve en el asiento. Muy levemente.

Pero no responde.

Porque sabe que Andrew tiene razón.

No puede permitirse reconocerlo, claro. Como tampoco puede permitirse perder su actitud severa y rígida, casi militar, ni quitarse la armadura de control que le permite gobernar el instituto.

Aunque sea a medias. Aunque realmente manden otros.

Aunque esté tan indefensa frente a las bandas como los demás.

De repente, Andrew se da cuenta de que la mano de hierro de la Directora, en realidad, pesa muy poco.

No es más que una fachada.

Una mentira.

Y es demasiado.

El mundo se le cae encima y el peso de los acontecimientos de las últimas horas lo aplasta contra la silla mientras rompe a llorar con una desesperación que Joseph jamás le había escuchado.

La Directora se levanta inmediatamente y, ante la sorprendida mirada de Joseph, se acuclilla junto a él mientras le sostiene la mano con gesto cariñoso.

—Andrew, créeme, entiendo tu frustración —dice. Sus ojos ahora parecen cálidos y su voz tiene un deje de ternura desconocido—. Sé que el momento por el que estáis pasando es muy duro, y nada me gustaría más que poder hacer algo para ayudaros. Pero, ahora mismo, lo mejor que podéis hacer es estar con vuestra familia, apoyaros entre vosotros, y confiar en que la ley haga su trabajo.

—Gracias, Directora —dice Joseph mientras ayuda a Andrew a incorporarse de la silla.

Aunque Joseph actúa con calma, siente que su pecho vuelve a llenarse de agua, de un agua lodosa y pútrida, impregnada de lástima.

Porque ahora también entiende a la Directora.

Porque entiende que lo hace lo mejor que puede, como todos en la Ciudad.

Porque, a pesar de su armadura, lo único a lo que puede aspirar es a intentar sobrevivir en medio del bosque muerto, a la sombra del dragón.

Que ha hecho lo que había que hacer para salir adelante.

Y, para eso, no siempre se puede hacer lo correcto.

34.

Joseph no sabe cómo ha sobrevivido al día de hoy.

No sabe si la panadería se ha quemado esta mañana, o hace un siglo.

No sabe si de verdad ha sido idea suya ir a darle una paliza a Viper, o si es algo que se le ha ocurrido a alguien más loco que él.

No sabe si ha tenido que arrastrar a Andrew fuera del despacho de la Directora y llevarlo a rastras a casa, o si es la escena de alguna película dramática.

No sabe si ha tenido que fingir frente a sus padres que todo va a estar bien, que van a salir adelante, o solo se lo ha imaginado.

No sabe si de verdad ha tenido que ayudar a meter la vida de Anne y su padre en cajas para que mañana se vayan de la Ciudad, o si todo forma parte de una pesadilla macabra.

Su mundo entero se ha derrumbado en cuestión de horas.

Y Joseph no sabe cómo digerirlo.

Está tumbado en la cama. Tiene los ojos cerrados y aprieta los párpados con todas sus fuerzas, intentando que las avispas se calmen, que le dejen dormir.

Pero no puede.

Por favor, les suplica en silencio. *Por favor.*

El zumbido crece y crece. Llena cada rincón de su mente y después se transforma en dolor. Un picotazo particularmente fuerte en el centro de la frente hace que Joseph se incorpore de la cama. Se aprieta la cabeza con las manos, se dobla sobre sí mismo y vomita en la papelera.

Se levanta y va como puede hasta el baño, tambaleándose, para vaciar el contenido de la papelera en el retrete. Luego vuelve a su cuarto, dando tumbos, y se sienta en el suelo con la espalda contra la pared.

Hunde la cara en las manos y se echa a llorar en silencio.

No puede más.

Pensaba que las cosas habían cambiado a mejor.

Pensaba que se había curado.

Pero no es verdad. Todo ha vuelto a hacerse añicos otra vez.

La situación le supera.

Y llora. Llora, llora, llora, hasta que se queda seco, sin lágrimas que derramar, hasta que las avispas se diluyen en la desesperación.

Hasta que se le ocurre una idea y los murciélagos echan a volar, batiendo las alas con movimientos rítmicos y potentes como un redoble de tambor.

Necesita ayuda.

No, piensa, *él no va a ayudarte.*

Él lucha por que las cosas vayan a mejor.

Es mejor no luchar, mira lo que has conseguido. Han echado a tu mejor amiga de su casa, las cosas en el instituto, en la Ciudad, están mucho peor, tus padres han perdido la panadería. ¿Quieres que las cosas empeoren?

Pero las cosas no pueden quedar así, los malos no pueden ganar.

Sí que pueden. Ya lo han hecho. Es mejor agachar la cabeza, pasar desapercibido.

Pero entonces las cosas nunca cambiarán.

Agacha la cabeza mientras puedas. Sobrevive.

Si lo hace, nunca más podrá mirarse al espejo.

Ríndete.

No.

Joseph se sienta en el escritorio, enciende el ordenador y se conecta al canal de Darko.

Necesita desesperadamente conectar con él, que Darko le conteste inmediatamente, pero no sabe cómo hacerlo. Lo primero que se le ocurre es enviarle un mensaje directo por el canal de chat de la plataforma, pero por supuesto, Darko aparece desconectado. De hecho, hace casi dos días que no se conecta. De repente, Joseph se da cuenta de que en el canal tampoco ha habido ninguna actualización desde el vídeo en el que descubrió el escondite de las bandas.

¿Les habrá abandonado él también?

Joseph siente que no, que Darko está ahí, en algún sitio, esperando una señal, un grito de socorro, para volver a actuar.

Después de todo lo que ha ocurrido hoy, Joseph debería haber perdido la fe, pero no puede evitar pensar que Darko es el único que puede enfrentarse a los monstruos que le han destrozado la vida.

Que Darko tiene el poder para cambiar las cosas.

Así que Joseph escribe un mensaje de socorro y lo enlaza a los comentarios del último vídeo de Darko.

Joseph vierte en su grito de auxilio los últimos murciélagos que le quedan.

Su última esperanza.

Cúbrenos de tu oscuridad, préstanos energía,
demasiado tiempo cegado por la luz del día,
ahora solo quiero que tú seas mi guía,
me haces ver cosas que ni con los ojos veía.

Me mantengo firme ante el miedo, no temo,
la noche es mi terreno, me desplazo cual serpiente,
cambiando la piel para ser aún mas fuerte,
y desplazarme sigiloso a los ojos del oponente.

Si escuchas mi voz, te necesito,
en este escrito deposito mi esperanza y te la grito.
Jamás creí en los milagros ni en tu dios bendito
pero me has hecho creer en mí,
mi superhéroe favorito.

***

Sale a la noche y se llena los pulmones de oscuridad.

La siente en el paladar, le late en las yemas de los dedos.

Le corre, fresca y rápida, por las venas.

Este es su alimento.

Durante una fracción de segundo, ha pensado en desaparecer.

Ocultarse para siempre en su guarida.

Durante un instante muy breve, ha dudado de lo que hace.

De cuál es el verdadero poder de sus palabras.

¿Inspirar? ¿Destruir?

Pero, en cuanto ha recibido el mensaje, todas las dudas han desaparecido.

Tiene que ayudar a ese chico.

Se lo debe.

Ojalá pudiera hacer retroceder el tiempo.

Detenerlo en el momento en el que la vida de ese chaval empezó a desmoronarse.

Pero sus palabras no tienen ese poder.

Tampoco el de reconstruir lo que ha sido aniquilado.

Sin embargo, aún hay cosas que sí puede hacer.

Cosas que aún están a su alcance.

Camina por las calles, atento, cámara en mano.

Vuelve a seguir el rastro.

Las calles están desiertas y él se arriesga a quitarse la capucha que lo oculta.

A darse un baño de luna.

Desde que descubrió la madriguera de las ratas, se han vuelto más sigilosas que nunca.

Más desconfiadas.

Pero en el mensaje del chico había una pista.

Recorre el bosque de edificios muertos, buscando un atisbo de vida.

Lo encuentra.

El edificio que estaba buscando.

Se agazapa en la impenetrable sombra del dragón y espera.

Espera durante horas, hasta que los músculos se le quedan rígidos.

Hasta que deja de sentir las piernas.

Espera hasta que las ratas asoman su asqueroso hocico junto a la puerta del edificio.

Intercambian sus penetrantes chillidos.

Estrechan sus repugnantes patas.

Fundido con la oscuridad, graba todos sus movimientos, el maletín que cambia de manos, la transacción para secarle la poca savia que le queda al único árbol vivo de la manzana.

Espera, inmóvil, hasta que le duele todo el cuerpo.

Espera, porque se lo debe.

Y, cuando las ratas se marchan, satisfechas y sonrientes, sale de su escondite.

Se acerca al árbol, acaricia su corteza vacía y mira hacia la única ventana iluminada.

Marca la puerta con cinco letras, las cinco letras blancas de su firma.

Lo convierte en territorio protegido.

Con la esperanza, esta vez sí, de poder salvarlo.

35.

—Eh, dormilón, despierta…

La suave voz de Anne se cuela en sus sueños y él se revuelve en la cama, perezoso, intentando estirar el momento lo máximo posible. No quiere abrir los ojos porque sabe que, cuando lo haga, encontrará un panorama bien distinto.

Al otro lado del sueño le esperan las avispas, las caras tristes de sus padres y de su hermano, el hueco enorme que ha dejado en sus vidas la panadería quemada.

Cuando abra los ojos le espera la despedida más difícil de su vida, porque hoy es el día en que Anne se marcha de la Ciudad.

Joseph trata de agarrarse al sueño, quedarse con ella, pero la realidad se impone en su mente, reduciéndolo a hebras de humo.

Se despierta.

Y, cuando Joseph abre los ojos, Anne está sentada a su lado.

—Siento despertarte —le dice su amiga—. Para un día que no tienes que levantarte de madrugada…

Joseph se incorpora en el colchón y abre y cierra los labios varias veces, sin acertar a decir nada.

—Ay, perdóname, Joseph. Qué imbécil… —se disculpa Anne—. No quería decir eso, solo quería… Ha sido un comentario de mierda, lo siento.

—No, no… —ahora Joseph está completamente despierto—. Es que me ha sorprendido verte aquí, solo es eso.

Sale de la cama, se pone una sudadera encima del pijama y se sienta en la silla que hay frente al escritorio.

Ahí hay algo que no encaja.

Anne debería estar triste, pero tiene los ojos brillantes y los labios se le curvan en una tímida sonrisa. ¿Está contenta por irse de la Ciudad? ¿Por tener la oportunidad de buscar un futuro más allá de esa ciudad podrida?

—¿Qué hora es? —pregunta Joseph. De repente se ha dado cuenta de la cantidad de luz que entra por la ventana.

—Son casi las tres y media de la tarde. Te has echado una buena siesta —le contesta Anne, divertida.

—¡Pero si habíamos quedado en el recreo de las doce para despedirnos! ¡Joder, lo siento, Anne! ¡Lo siento! —se disculpa, levantándose de un brinco. De pronto, se siente confuso—. ¿Qué está pasando? Anoche me dolía muchísimo la cabeza. Me dormí tardísimo y…

—Joseph… —Anne se levanta y se acerca a él—. Tranquilo, no pasa nada. He intentado llamarte al móvil, pero no respondías, así que he venido directamente a tu casa. Quería contártelo en persona.

—¿Contarme el qué? —Joseph se sienta otra vez.

No sabe si tiene fuerzas para afrontar más malas noticias.

—Esta mañana, cuando hemos empezado a bajar cajas al coche, nos hemos encontrado esto —Anne se aparta, saca el móvil del bolsillo de la chaqueta y le muestra a Joseph una foto.

Darko ha marcado el edificio de Anne con su firma, igual que marcó la panadería de sus padres, las cinco letras blancas que susurran su nombre.

Su cabeza se llena de zumbidos inmediatamente y un escalofrío le recorre la columna vertebral cuando recuerda las consecuencias que ese mismo gesto tuvo la última vez.

No, no, piensa, *esto no era lo que yo te había pedido.*

Pero Anne no parece en absoluto preocupada.

—Y también hemos encontrado esto —le dice, mostrándole otra foto.

La imagen muestra una pequeña multitud de periodistas, fotógrafos y cámaras de televisión apostados justo frente a la puerta del edificio deshabitado de Anne.

—Darko ha filtrado otro vídeo a la prensa —le explica su amiga—. En el vídeo, Sego habla durante un rato con un empleado de la Compañía y este le entrega un maletín.

—¿De la Compañía? —pregunta Joseph, frotándose las sienes con el pulgar y el anular. El zumbido de las avispas empieza a bajar de volumen.

—Sí. Frank tenía razón, Joseph —Anne baja la vista, un poco avergonzada—. Por lo visto, la Compañía financia ilegalmente a las bandas. Sego y sus matones amenazan a los que todavía viven en la zona de la Fábrica y, cuando la gente se marcha, la Compañía compra los edificios casi regalados. Por lo visto, ya son dueños de casi todos, el mío es de los últimos que queda sin comprar. En las noticias han dicho que hay una gran operación inmobiliaria en marcha.

—¿Y qué han dicho los de la Compañía? —pregunta Joseph.

—Lo han negado todo, claro —dice Anne con media sonrisa—. Pero han salido a relucir muchos trapos sucios. Esta mañana han dicho en las noticias que se va a abrir una investigación sobre el asunto.

—Pero… ¿y vosotros?

Anne sonríe.

—No hemos tenido tiempo ni de cargar las cajas en el coche. Mi padre ha recibido una llamada de la compañía eléctrica diciendo que, como no podían restablecer el suministro, estaban obligados a realojarnos en otro edificio. Nos han dado una casa justo en la plaza, Joseph.

Las avispas se quedan mudas.

—¿Qué?

—¡Nos quedamos en la Ciudad! —Anne por fin se atreve a dar rienda suelta a su sonrisa y le lanza los brazos al cuello—. Y ha sido todo gracias a ti, Joseph, a la canción que te atreviste a subir al canal de Darko… Sé que ha tenido consecuencias terribles —dice Anne, pensando en la panadería—, pero también está trayendo algunas cosas buenas.

Joseph no es capaz de asimilar lo que Anne le está contando. Durante un segundo, piensa que sigue atrapado en el sueño. Que, después de todo, sigue dormido. Abraza a Anne con fuerza, pero está convencido de que no tardará en volver a disolverse entre sus brazos.

No puede creerlo.

Gracias, gracias, gracias, piensa.

Y en el silencio de su mente brota una idea.

—Anne, ¿me haces un favor?

—Por supuesto.

—¿Puedes llamar a Frank y quedar con él en la plaza en un par de horas? Yo ahora tengo que ir a la panadería. Mis padres deben de estar haciendo inventario de daños.

—Sí —asiente ella. Luego entrecierra los ojos y pregunta—: ¿Para qué?

Joseph sonríe.

No debería, porque su vida sigue metida en un hoyo, pero tampoco puede evitarlo.

Sabía que podía contar con Darko.

Sabía que podía confiar en él.

Y eso es bueno, porque va a necesitar pedirle ayuda una vez más.

36.

Cuando Joseph llega a la plaza del Distrito 21, tiene la sensación de que la ciudad entera se ha convertido en un plató de televisión. Por todas partes hay periodistas con cámaras y micrófonos intentando entrevistar a la gente que circula por la calle, como si de repente los problemas de la Ciudad fueran lo más importante del mundo.

La mayoría de los vecinos se escabulle e intenta esquivarlos, sobre todo si las preguntas llegan cuando están cerca del cascarón renegrido de la panadería, pero Joseph se da cuenta de que hay gente que sí se detiene a responder sus preguntas. Algunos piden que no se revelen sus nombres, otros que su cara no salga en pantalla, otros que su voz sea distorsionada.

Pero hablan.

Denuncian el miedo que le tienen a las bandas, la dictadura del terror que ejerce Sego y su gente, lo difícil que es tener una vida digna en ese bosque de edificios muertos, a la sombra del dragón.

Joseph sonríe mientras se abre camino entre las furgonetas de medios de comunicación y la marea de periodistas. La aglomeración es más grande alrededor de la panadería, así que Joseph se cubre la cabeza con la capucha para no llamar la atención.

—¡A mí déjeme en paz! —oye que grita un hombre—. Pregúntele a ese chaval. Ese es el hijo de los panaderos.

De repente, todos los focos se giran hacia él. Joseph se ve perseguido por una avalancha de periodistas y tiene que correr los últimos metros hasta la puerta de la tienda.

«¿Es verdad que tú sabes quién es Darko?»

«¿Dónde podemos encontrarle?»

«Queremos hacerle una entrevista para que todo el mundo conozca cuáles son los problemas de la Ciudad.»

«Podemos hacerte una oferta muy jugosa si nos revelas su identidad en exclusiva.»

Joseph los sortea como puede, sin decir palabra, y cruza el umbral de la panadería cuya puerta, afortunadamente, sigue en pie.

Joseph cierra con fuerza y apoya la espalda contra la hoja.

—¿A ti también te han ofrecido una millonada por revelarles la identidad de Darko, el salvador misterioso de la Ciudad? —le dice Andrew, con su sorna de siempre.

Joseph asiente con la cabeza, aún sin aliento.

—Pues yo que tú me lo pensaba —responde su hermano.

—Pero eso no sería muy superheroico, ¿no? —bromea Joseph.

—No, sería más bien de supervillano —admite Andrew—. Lo que pasa es que la pasta nos iba a venir de puta madre.

—¿Tan mal están las cosas?

—Sí. Llevamos un buen rato aquí dentro, intentando inventarnos la manera de reconstruir todo esto sin el dinero del seguro, pero es imposible.

—No, no lo es —dice su padre, barriendo decididamente las cenizas con un cepillo y un recogedor—. Tu madre y yo ya lo hemos hablado. Vamos a pedir un préstamo al banco y vamos a poner la casa como aval.

—¿Un préstamo? —pregunta Andrew, furioso—. ¿A quién, al Banco? ¿A ese que pertenece a la misma puta compañía que nos ha denegado la indemnización que nos corresponde? ¿Ahora además de sin trabajo nos van a dejar sin casa?

—Andrew, ya vale —le dice su madre, saliendo de la trastienda—. Es lo único que podemos hacer. Es eso, o irnos de la Ciudad.

—No, no es lo único que podemos hacer —dice Joseph.

Andrew y sus padres se giran a la vez para mirarle, expectantes.

—Podemos pedirle ayuda a Darko —declara Joseph.

—Vale, ya está —Andrew niega con la cabeza—. Entre el golpe en la cabeza y el trauma, se le ha ido la pinza del todo.

—Hijo, qué cosas tienes… —replica su madre.

—Ese encapuchado no trae más que desgracias —su padre se pone rojo—. Y si sabes quién es, lo mejor que puedes hacer es entregarle.

—No, no sé quién es —responde Joseph—. Pero anoche le envié un mensaje y…

—¿Que hiciste qué? —salta su padre, furioso—. Joseph, ¿no te parece que ya nos ha causado bastantes problemas? —señala las ruinas carbonizadas—. Desde que marcó la panadería con la pintada, las cosas no han hecho más que caer en picado. Ese hombre no puede hacer nada bueno por nosotros.

—Pero papá, anoche Darko también marcó el edificio de Anne. Y no solo eso, ha filtrado otro vídeo demostrando que la Compañía suministra drogas a las bandas. Por eso hay tantos periodistas. Por fin los ojos de todos están puestos en la Ciudad —su familia lo mira, mitad confundida, mitad esperanzada.

—¿Y qué? Un chalado hace una pintada y vienen los periódicos. Pero tu amiga tiene que irse igual.

—No, papá. A Anne y su padre les han ofrecido una casa aquí, en la plaza. Si Darko ha podido ayudarles a ellos, estoy convencido de que también puede ayudarnos a nosotros.

A Andrew se le iluminan los ojos.

—¿En qué estás pensando?

—En organizar un concierto —responde Joseph, decidido—. Un concierto benéfico. En pedirle a Darko que asista y done la recaudación para reconstruir la panadería. Con la cantidad de medios que hay aquí, estoy seguro de que podemos llegar a mucha gente.

—¡Joder, Joseph! ¡Es una buena idea! —exclama Andrew, emocionado—. ¡Podría funcionar!

—He pensado en hablar con M para que nos deje organizarlo en el gimnasio…

—No —dice su padre. Al principio solo susurra, pero de repente pierde la calma y empieza a gritar—. No. NO. ¡NO!

—Papá, tranquilízate. Escucha a Joseph… —le pide Andrew.

—¡NO! —sentencia, categórico—. Ahora vais a escucharme vosotros a mí. Os prohíbo que metáis a ese macarra en los problemas de esta familia. Os prohíbo que llaméis más la atención. Y, sobre todo, os prohíbo terminantemente que involucréis a M en todo esto. ¡No quiero cargar sobre mi conciencia con que esos matones le quemen también el gimnasio!

—Sí, papá —dice Joseph.

Coge la escoba y empieza a barrer en silencio. Parece tranquilo, concentrado en lo que hace. Los ánimos de su padre se relajan.

Pero Joseph no ha dejado de planear.

Está ensayando mentalmente la conversación con M.

Con Andrew, con Anne, con Frank.

Porque va a necesitarlos a todos.

37.

—A ver, un momento, colega. Que me entere yo de cómo es la película —borbotea Frank, con su habitual torrente de palabras—. ¿Pretendes convencer a Darko de que abandone el anonimato, dé un concierto en un gimnasio de boxeo, delante de las mismísimas las narices de las bandas, y que luego te regale toda la pasta que saque, por tu cara bonita, para arreglar la panadería de tus padres?

—Más o menos —ríe Joseph.

—¡Y encima se parte, el loco este! —exclama Frank—. No veo que tengas ningún ojo morado, así que supongo que todavía no has hablado con M.

—Sí, he hablado con él —responde Joseph—. Me apoya al cien por cien.

—¿No tiene miedo de que Sego vaya a por él? —pregunta Frank.

—M hace mucho que no le tiene miedo a nada —dice Joseph—. Y mucho menos a las bandas.

—Sabe defenderse —comenta Anne.

—Hale, pues ya tienes otro loco subido al carro —Frank no puede quedarse callado. Está asustado, nervioso y emocionado, todo a la vez—. Lo que no entiendo es para qué quieres que nos suicidemos también nosotros.

—Os necesito para convencer a la gente de que venga al concierto —explica—. Y también para hablar directamente con Darko —añade, con los ojos clavados en Frank.

—Pero ¿no me dijiste que habías enlazado tu mensaje en su canal? —pregunta Anne.

—Bueno, yo le envié un mensaje... Pero no estoy seguro de que lo leyera. Esta vez necesito asegurarme de que lo hace —responde él.

—Joseph, te juro que yo no sé quién es Darko —se disculpa Frank.

—Ya lo sé. Pero estoy seguro de que ayer volvió a pedirte que filtraras su vídeo a la prensa —no es una pregunta.

—Sí —admite su amigo.

—Entonces, sabes cómo encontrarle —dice Joseph.

—Más bien es él quien me encuentra a mí —reconoce Frank.

—¿Y cómo lo hace? —quiere saber Anne.

—La primera vez me escribió un correo. Sin embargo, cuando yo intentaba contestar, la dirección me daba error. Anoche me escribió un mensaje desde una dirección distinta.

—¿Tienes el correo electrónico de Darko? —pregunta Anne, súbitamente alterada.

—Es una dirección encriptada, pero sí, podríamos intentar usarla para contactar con él —admite Frank.

—¿Eso es que vais a ayudarme, entonces? —pregunta Joseph, esperanzado.

A Frank se le corta en seco el borboteo de palabras. Pero Anne está de su lado.

—No podemos quedarnos sin hacer nada, Frank —dice—. Eso es lo que buscan: callarnos la boca, acobardarnos.

—Joder, Anne, es que la última vez que hicimos algo, a este por poco lo achicharran vivo —protesta Frank—. Es como para acojonarse, ¿no?

—Si no fuera por Darko, yo no estaría hoy aquí —rebate Anne—. Merece la pena intentarlo, y tú ya hace tiempo que estás metido en esto.

Esto no es lo que Joseph quería.

Puede que su padre tenga razón, que sea mejor dejarlo estar.

Intentar salir adelante solos, sin ayuda de vengadores misteriosos.

Pero, al mismo tiempo, recuerda a la multitud que había hoy en la plaza.

La cantidad de gente a la que ha sido capaz de llegar Darko.

La esperanza que inspira, más fuerte que el miedo que siembran las bandas.

Joseph está hecho un lío.

Se frota las sienes con suavidad y respira lenta y profundamente para intentar calmar el zumbido de las avispas que empiezan a instalarse en su cabeza. Los murciélagos, por su parte, aletean inquietos, justo por debajo de sus pulmones.

—Sé que es arriesgado, Frank —dice—. Lo entendería si no quisieras hacerlo, pero yo no puedo quedarme cruzado de brazos. Tengo que intentar ayudar a mi familia de alguna manera. Y de verdad creo que esto puede funcionar.

—Vamos, que vas a hacerlo, te acompañemos o no —deduce Frank.

—Sí —dice Joseph—. Si no queréis que os asocien con Darko o conmigo, lo mejor será que os apartéis de mí durante unos días —les pide.

—No vamos a dejarte solo —subraya Anne, clavándole el codo en las costillas a Frank.

—¡Veeenga! ¿Qué gracia tiene vivir sin riesgos? —ríe al final.

El pecho de Joseph se hincha de orgullo.

—Vale, ¿y por dónde empezamos? —pregunta—. Seguramente, lo primero debería ser intentar contactar con Darko.

—¿Y mientras se lo piensa? —pregunta Frank—. Porque igual a nosotros todo esto nos parece una idea de puta madre, pero él pasa tres pueblos.

—Va a ayudarnos. Estoy segura —dice Anne—. No se habría arriesgado tanto si no estuviera dispuesto a llegar hasta el final.

Joseph también lo cree así.

—Si Darko no quiere apoyarnos, siempre se lo podemos pedir a Lyzard —bromea Joseph—. ¿No decías que también era de la Ciudad?

Los tres amigos ríen, y la tensión se deshace un poco.

Pasan la tarde entera en casa de Frank, intentando hacer que su mensaje llegue a Darko, creando llamadas y eventos desde cuentas anónimas en distintas redes sociales, diseñando e imprimiendo carteles para darle la máxima visibilidad a lo que han planeado.

Ya es de noche cuando terminan de organizarlo todo.

—¿Seguimos sin noticias de Darko? —pregunta Joseph.

—Todavía nada —responde Frank, sin dejar de mirar el monitor—. Pero casi siempre contesta muy tarde, de noche.

—Ya —titubea Joseph.

—No te preocupes —le tranquiliza Fran—. Nos ayudará.

—Entonces, ¿nosotros qué hacemos? ¿Esperamos? —pregunta Anne.

—No —declara Frank—. Vamos a hacer que todo el mundo lo sepa.

Y, sosteniendo los carteles que acaban de imprimir en una mano, coge a sus amigos y se lanza con ellos a las calles de la Ciudad.

Seguros, decididos, fuertes.

A remover conciencias.

A intentar cambiar las cosas.

38.

Joseph no esperaba encontrar tanto miedo en la calles.

El mismo miedo que ha visto por la mañana en el rostro de la gente que esquivaba a los periodistas de la plaza es el que los impulsa ahora a cambiar de acera cuando pasan junto a los carteles que anuncian el concierto.

Esperaba que los adultos se sintieran acobardados, pero pensaba que la reacción de los jóvenes sería distinta.

Se equivocaba.

Ha visto que el entusiasmo, la ilusión, iluminaba la mirada de muchos, sí.

Pero también ha visto ojos recelosos y dubitativos, carteles arrancados (sobre todo en los alrededores del instituto) y la hora y el lugar de la convocatoria tachados con tinta negra.

Joseph no sabe qué pensar.

Él creía firmemente que Darko había conseguido darles esperanza. Que sus palabras, sus acciones, habían dado a la gente de la Ciudad un motivo para intentar cambiar las cosas, para luchar.

Pero quizá también se ha equivocado en eso.

¿Qué ha hecho?

Ahora duda mucho que el concierto vaya a servir de algo y se da cuenta de que ha vuelto a poner en peligro a toda la gente a la que quiere.

A su familia.

A Anne.

A Frank.

A M.

Con todo lo que eso implica.

¿Qué esperaba que ocurriera?

Por eso ha pasado toda la noche empapelando la Ciudad a escondidas. Por eso ha procurado que nadie los relacionara con el concierto. Por eso ha intentado por todos los medios que todo pareciera una iniciativa del propio Darko.

Solo de Darko.

¿Cómo va a conseguir cambiar nada si ni siquiera se atreve a dar la cara?

Después de todo, él es el primero en tener miedo.

No a la reacción de su padre.

Tampoco a las represalias de Sego.

Ni siquiera le asusta que la gente no acuda a la llamada, que el gimnasio vacío haga evidente que la resignación ha ganado a la esperanza.

No.

Lo que de verdad le aterra a Joseph es que Darko lo deje solo.

Joseph se siente como un impostor.

Ha actuado convencido de que hacía lo correcto, lo mejor para todos.

Pero ahora ya no está tan seguro.

Joseph da vueltas y más vueltas en la cama, inquieto, incapaz de dormir.

Asediado por el enjambre de avispas que lo visita todas las noches, se levanta, enciende el ordenador y, en la oscuridad de su minúscula habitación, teclea nervioso con la esperanza de que Frank aún no se haya ido a dormir.

«¿Alguna novedad?», escribe.

Frank no dice nada.

«¿Ha contestado?», insiste. «¿Va a venir?»

Joseph mira la pantalla del ordenador, expectante.

Nada.

Después de esperar durante un rato, el dolor de cabeza se vuelve insoportable y frente a sus ojos se extiende una trama de puntos luminosos.

Las avispas zumban.

No quiere, se resiste, está harto de tomarlos, pero al final no tiene más remedio que recurrir al amargor de los calmantes.

Y, cuando la mente ya se ha nublado y en su cuerpo empieza a pesar el conocido sueño químico, el monitor ilumina la estancia.

«Sí», escribe Frank. «Darko va a venir».

Pero Joseph ya está dormido.

***

Esta noche siente una energía distinta.

Su fuerza no proviene solo del baño de oscuridad, de luz plateada.

No.

Esta noche se nutre también de la ilusión de ese chico.

De su fe en él.

Aunque solo sea por eso, siente que todo su trabajo ha merecido la pena.

La cacería.

El peligro.

Las consecuencias.

Recorre las sombras a toda velocidad, sin el sigilo de otras veces, porque sabe que hoy las ratas están bien ocultas en sus madrigueras.

Aterradas, temblorosas.

Ellas solo inspiran miedo, repulsión.

Es consciente de que son esos mismos sentimientos los que él despierta en mucha gente.

Pero su nombre también suscita esperanza.

Una esperanza que no puede defraudar.

Una esperanza que necesita reanimar.

Se siente pletórico, lleno de vida.

Corre entre las sombras del dragón, por las calles de la ciudad que conoce de memoria, como si le persiguiera el diablo.

Sonríe orgulloso al ver su nombre impreso en los carteles.

No puede defraudarle.

Se lo debe a él.

Se lo debe a sí mismo.

Necesita avivar la llama.

No se detiene, ni siquiera cuando llega a su destino, a esa horrible réplica de dragón, a esa cárcel en miniatura.

Trepa la verja con una agilidad felina y aterriza en el patio de pie, sin hacer ruido, como si nunca hubiera pisado el suelo.

Nadie lo ve, nadie sospecha de su presencia.

Es una sombra.

Es un fantasma.

Es la noche.

Recorre el laberinto de pasillos, aulas y patios. Siente el impulso de marcarlos con su firma, de convertirlos en territorio protegido, pero no quiere estropear la sorpresa.

El chico necesita un golpe de efecto. Se lo debe.

No puede defraudarle.

Se mueve ágil como una sombra hasta dar con la sala que busca.

Fuerza la puerta con ayuda de un alambre, trabaja a oscuras.

Él no ha estado nunca aquí, pero sabe dónde encontrarlo todo, sabe perfectamente qué debe hacer.

El otro chico se lo ha explicado.

El que le ha ayudado a convertirse en virus, el que ha elevado su voz para infectar todos los medios, todos los canales.

El volcán.

Siguiendo sus instrucciones, enciende el equipo adecuado, introduce la clave.

Accede al servidor, inyecta su veneno, lo programa para que haga efecto en el momento preciso.

Cuando termina, se sienta un segundo a contemplar su obra.

No podrá estar presente cuando suceda, así que tiene que disfrutarlo ahora.

Cierra los ojos, se imagina el momento.

El triunfo.

Porque, aunque ahora le teman, aunque algunos incluso le odien, ha conseguido encender una llama de esperanza en medio de la oscuridad.

Una llama que se convertirá en incendio.

Y de cuyas cenizas resurgirá toda una ciudad.

39.

Joseph se ha despertado con la certeza de que hoy va a pasar algo importante.

Es algo más que un presentimiento. Es una sensación que flota en el aire, que le persigue como una sombra, que lo impregna todo.

Y no lo entiende, porque a su alrededor todo sigue igual.

La panadería sigue quemada.

Sus padres siguen desesperados.

La Ciudad sigue infestada por las bandas.

Darko ha accedido a ayudarle, es cierto, pero eso no explica el cambio que percibe en la luz de la ciudad mientras camina hacia el instituto con su hermano. Es como si la sombra del dragón se estuviera volviendo cada vez menos densa, como si la Fábrica se estuviera encogiendo y se preparara para desaparecer.

Seguramente solo sean imaginaciones suyas.

Las ganas de que haya un cambio a mejor.

En la Ciudad.

En el instituto.

En su vida.

De que pase algo que marque la diferencia.

Cuando entran en el edificio, el aire está lleno de murmullos cautelosos.

«Hay carteles por todas partes…»

«Yo creo que es un bulo…»

«Seguro que Darko no se atreve a dar la cara.»

Aunque la sensación de que está a punto de suceder algo no ha desaparecido, Joseph no puede evitar que los murmullos calen en él y empiecen a erosionar sus ánimos, igual que las olas desgastan la piedra caliza del acantilado en la playa.

«¿A vosotros también os ha llegado la invitación?»

«¿Vas a ir?»

«No lo sé, me da un poco de miedo.»

«Sí, a mí también.»

Las avispas vienen a visitarle cada vez con menos frecuencia. Sin embargo, en momentos como este, cuando su fuerza de voluntad flaquea, parecen oler su debilidad y se lanzan en tromba a aguijonearle las sienes, a perforarle la frente.

—Joseph, ¿estás bien? Pensaba que la contestación de Darko te animaría —dice Anne.

Le cuesta pensar. El zumbido, el dolor, son demasiado fuertes. Se apoya en la puerta de una de las aulas y se sujeta la cabeza con fuerza.

—Sí, sí... Es que... —murmura.

—¿Entonces qué pasa? —insiste ella.

Anne se acerca a él en silencio y lo coge de la mano, intenta curarle con sus dedos mágicos.

Joseph no sabe cómo explicarle lo que le pasa.

Que sabe que está a punto de pasar algo.

Que lo siente en el aire.

Que se lo dicen los aguijones de las avispas.

El zumbido se hace más intenso cuando la megafonía del instituto chirría sobre sus cabezas.

Después, las avispas callan.

Los alumnos callan.

Y, en el silencio que llena aulas y pasillos, resuena una voz conocida por todos.

Una voz que confirma que Darko dará un concierto en el gimnasio de M, apoyando a Joseph y a su familia.

Una voz que confirma que Darko existe de verdad, que no es un bulo, que se atreverá a dar la cara.

Una voz que habla con palabras como puños.

El mensaje acaba, la megafonía vuelve a chirriar y se apaga. El silencio se prolonga el tiempo que la gente tarda en salir del trance y mirarse entre sí como para confirmar que lo que han escuchado no ha sido un sueño.

Y el fuego se propaga.

«¡Está aquí!»

«¡Era Darko!»

«Pero ¿cómo...?»

«¡Tiene que ser un alumno! ¡Darko es uno de nosotros!»

De pronto, todos los ojos se giran hacia ellos. Cuando Joseph se da media vuelta, se da cuenta de que no se ha apoyado en la puerta de un aula cualquiera, sino en la de la sala donde se encuentra el sistema de megafonía del instituto.

Traga saliva y apoya la mano temblorosa en el manillar. La puerta está abierta. Empuja y la hoja se abre con un chirrido.

La sala está vacía, pero el ordenador está encendido.

Los murmullos se convierten en un susurro de sorpresa.

«Se ha escapado.»

«Ha desaparecido.»

«Es un fantasma.»

Joseph se gira para mirar a sus amigos. Anne está tan desconcertada como el resto de alumnos. Pero Frank...

Frank sonríe.

—¡Tú lo sabías! —se le escapa.

—¿Quién lo sabía? —la penetrante voz del Rata les perfora los oídos y su patética figura aparece junto al aula de megafonía—. Vosotros sois los responsables de esto, ¿verdad? ¡Es intolerable! ¡Ahora mismo vais a venir conmigo al despacho de la Directora! —grita, rojo de rabia. Y, mirando a Joseph, añade—: Aunque creo que tú ya te sabes el camino de memoria...

—¿Qué está pasando aquí? —la voz de la Directora suena con fuerza justo a espaldas del Rata y transforma su desagradable sonrisa en una especie de mueca.

—¡Directora, los he visto salir de la sala de megafonía! —miente el Rata—. ¡Han sido ellos! ¡Esto es muy grave! ¡Merecen ser expulsados!

Los tres abren la boca para protestar, pero no hace falta que digan nada.

—¡Eso no es cierto! —grita un alumno al fondo del pasillo.

—¡Lo hemos visto todos! —exclama otro.

—¡Cuando han abierto la puerta de la sala, estaba vacía! —razona un tercero.

La marea de alumnos, normalmente silenciosa y atemorizada, se convierte en tifón.

—¡No ha sido así! ¡Lo he visto todo! —dice el Rata, incrédulo, cada vez con menos convicción.

—Yo también —contesta la Directora—. Acompáñeme, por favor.

La Directora escolta al Rata por el sendero que los alumnos abren silenciosamente hasta su despacho.

Al fondo, Viper y los suyos observan en silencio.

Joseph no sabe si lo que ve en sus ojos es furia o miedo.

Pero tampoco le importa.

Porque ahora vuelve a estar rodeado de un ejército.

El ejército de Darko.

40.

—¡Joder, ha sido acojonante! —Frank está tan emocionado que parece que va a desbordarse fuera de su piel. Hoy, la erupción es incontenible—. ¡El concierto va a ser un llenazo total! ¡Y encima la Directora ha echado al Rata! ¡Vaya día!

—Sí, Frank —lo felicita Anne—. Bien hecho.

Los cuatro están en casa de Frank, sentados en su cuarto, comentando la jugada. Joseph ríe y empieza a explicarles cómo, anoche, Darko volvió a contactar con él y le pidió ayuda para *hackear* la megafonía del instituto. Ninguno de los dos entiende nada de lo que Frank explica sobre contraseñas, claves, interfaces y sistemas de seguridad, pero el entusiasmo con el que lo hace los deja hipnotizados.

Al menos hasta que la sensación de que va a ocurrir algo importante vuelve a invadir a Joseph.

Sigue ahí, flotando en el aire.

Una presencia incómoda.

Como una burbuja que lo envuelve y no le permite respirar.

Las avispas están a punto de volver. Lo sabe, y no está seguro de poder soportarlo.

—Chicos, tengo que ir al baño —dice.

—¿Estás bien? —le pregunta Anne. Sabe que pasa algo.

—No...

—Joseph, esos dolores no son normales. Me tienes preocupada.

—Sí, colega. Deberías volver a ir al médico —dice Frank.

—El doctor dijo que estas migrañas podían durarme algunas semanas...

—Pero es que ya ha pasado más de un mes —le recuerda Anne.

La primera avispa llega silenciosa y le clava el aguijón en el cerebro.

—Voy a refrescarme la cara. Eso me ayuda a veces —dice Joseph, con una mueca de dolor.

—¿Te acompaño? —se ofrece Frank.

Joseph ignora las agujas que se le clavan en la frente y esboza una sonrisa.

—Qué más quisieras —ríe como puede.

Se tambalea como puede por el pasillo y, ya delante del espejo del baño, hace un cuenco con las manos y se salpica el agua helada en el rostro.

Una, dos, tres veces.

Las avispas parecen calmarse un poco, pero la opresión que siente en el pecho, la certeza de que algo inminente y decisivo sigue ahí, no desaparece.

Sentado en el borde de la bañera, Joseph trata de rastrear el origen de ese sentimiento, pero tiene miedo bucear en su mente.

De despertar otra vez a las avispas.

Entonces, Joseph escucha una música.

La música de una de las canciones de Darko.

Suena muy amortiguada, como si procediera de otra habitación, como si se reprodujera a través de un altavoz de muy mala calidad. La canción se detiene siempre en un determinado momento y luego vuelve a empezar, acompañada de una especie de zumbido, como el de las avispas que le revolotean por el cráneo.

Joseph camina por el pasillo y la melodía lo guía hasta el cajón de un mueble del salón.

Lo abre.

En el interior del cajón encuentra el viejo móvil de Frank, el mismo que Viper le rompió en la fila del control de seguridad. El cristal sigue partido, pero en la luz azul de la pantalla centellea un número larguísimo.

No sabe por qué lo hace, pero Joseph contesta.

—¿Diga?

—Hola, Joseph.

La voz le habla con seguridad, como si no esperara que respondiera otra persona. Joseph tampoco necesita preguntar, reconocería esa voz en cualquier lugar.

—Darko…

—¿Qué te ha parecido lo de esta mañana? —dice la voz, risueña, desconocida y a la vez familiar, al otro lado del teléfono.

—¿Cómo sabías que iba a contestar yo? —pregunta Joseph.

—Porque te estoy observando.

Primero, Joseph mira a su alrededor.

Luego, sin apartar el teléfono de la oreja, se dirige hacia la ventana y mira a través del cristal. El siguiente bloque de pisos está muy lejos. Es imposible que…

—No lo intentes, no podrás encontrarme —dice Darko, ahora serio—. Aunque estoy mucho más cerca de lo que piensas.

Joseph se sienta en el sofá, mudo. No sabe qué decir.

—Yo…

—Todavía no me has dicho qué te ha parecido lo del instituto —insiste Darko—. ¿Servirá?

—Sí, Darko, ha sido una pasada —reconoce Joseph, recuperando la voz—. Gracias, gracias de todo corazón. Por todo. Todo el mundo estará allí, creo que de verdad tenemos posibilidades de salvar la panadería. Gracias, gracias… —las lágrimas empiezan a inundar sus ojos—. Nunca podré agradecértelo lo suficiente. Pero lo más importante no es eso, es la ilusión que has hecho recuperar a la gente de la Ciudad. Estás consiguiendo cambiarlo todo.

—Joseph, yo no he hecho nada que tú no puedas hacer —contesta Darko.

—¿Yo? —responde Joseph—. Yo no soy como tú. Lo único que yo hago es meter a todos en problemas. Si tú no estuvieras con nosotros no sé cómo podríamos…

—Pues me temo que esta vez tendrás que hacerlo —replica Darko—. Esta vez estás solo, amigo.

—¿Cómo? Pero… ¿No has dicho que ibas a ayudarnos? ¿Y todo lo que ha pasado esta mañana? ¡Los has convocado a todos al concierto! —la voz de Joseph pasa del desconcierto al pánico puro y, luego, al arrepentimiento—. No, Darko, por favor… Sé que es peligroso, que deberíamos haber esperado a que contestaras, pero…

—No, Joseph. No es por eso —responde Darko—. Quiero ayudarte, por supuesto que sí. Y creo que la mejor manera es demostrarte que tú tienes el poder para cambiar las cosas. Por eso no seré yo quien dé ese concierto. Lo harás tú.

—No... No, Darko, por favor... No puedes dejarme solo ahora —suplica Joseph—. Yo no tengo tu talento, yo... La gente espera verte a ti...

—He escuchado la canción que enlazaste a mi canal, Joseph. Muchas veces —contesta Darko, con firmeza—. Tus versos son mucho mejores que los míos. Lo son, porque están cargados de esperanza. Y eso es lo que la gente necesita encontrar en ese concierto, Joseph. Una idea que les infunda valor.

—Pero...

—Puedes hacerlo, Joseph —continúa Darko—. Lo llevas dentro de ti. Lo sé. Llevo mucho tiempo observándote y sé que tienes la fuerza suficiente para conseguirlo.

—Darko, no, por favor... —a Joseph se le quiebra la voz—. Necesito que hagas esto por mí, solo esto...

—Este es el mayor favor que puedo hacerte, Joseph —responde Darko—. Demostrarte que no me necesitas.

Joseph guarda silencio. No quiere llorar.

—Buena suerte, Joseph.

Y cuelga.

El teléfono se queda en silencio.

Y Joseph se queda solo.

41.

—¿Joseph? ¿Qué te pasa, Joseph?

La voz de Anne suena a kilómetros de distancia, como si le hablara desde el fondo del mar.

La de Frank no tarda en borbotear a su lado.

—Joder, colega —lo zarandea—. ¡Estás fatal!

Joseph siente que todo da vueltas a su alrededor y le hace un gesto a Frank para que se tranquilice.

—Por favor, estate quieto —pide, con un hilo de voz.

—¡Para, Frank! —le regaña Anne, apartándole de Joseph—. ¿Quieres que llamemos a un médico, o algo?

—No, no —dice Joseph.

Anne se sienta a su lado y le acaricia el pelo, la frente.

Pero ni siquiera eso calma su dolor.

Sin duda, esta es la migraña más fuerte que ha tenido desde que salió del hospital. Está tan mareado que las náuseas le resultan insoportables. Siente que está a punto de desmayarse.

Consigue levantarse como puede y corre hasta el baño. Arrodillado sobre la taza del inodoro, vomita hasta el alma.

Esto es mucho más que un dolor de cabeza.

Darko le ha fallado.

Le ha dejado solo.

Y Joseph va a estropear todo por lo que ha luchado.

Va a defraudar a toda la gente que cree en él.

Toda la gente que ahora está en el punto de mira.

Tiene otra arcada y la boca se le inunda de un sabor ácido, pero ya no le queda nada más que vomitar.

Está vacío, como si le hubieran quitado todos los órganos del cuerpo.

Débil, desesperado.

Más roto que nunca.

Se incorpora, apoyándose en la tapa del retrete, y se arrastra hasta el lavabo.

Se lava la cara con agua fría, se enjuaga la boca.

Se mira al espejo y, entre las nubes de puntos negros que hay en sus ojos, ve su propio rostro demacrado.

Es una piltrafa. Un despojo humano.

¿Cómo va a tener él el poder de inspirar a nadie?

¿Cómo puede Darko pensar eso?

Igual que Anne. Ella también está convencida de que puede cambiar las cosas.

Todo esto empezó por ti, Joseph.

Es tu voz. No tengas miedo de usarla.

—¡Joder!

Joseph estrella los nudillos contra las baldosas heladas del cuarto de baño de Frank.

No sirve para nada, claro. Las avispas siguen ahí, picando, perforándole el cerebro, implacables, divirtiéndose con su sufrimiento.

No puede echarse atrás. Ahora no.

Ha removido demasiadas cosas.

Ha implicado a demasiada gente.

Cancelar el concierto no solo supondría una decepción para todos los que le quieren, para los más cercanos a él.

Cancelar el concierto significaría una decepción para la Ciudad entera, la confirmación de que no hay nada que hacer, de que no se puede luchar.

No puede hacerles eso.

—¿Joseph? ¿Sigues vivo o tenemos que ir a sacarte la cabeza de la taza del váter? —pregunta Frank desde el salón.

Joseph tira de la cisterna para que sus amigos se queden tranquilos y vuelve a mirarse al espejo.

Piensa, Joseph, piensa, se pide. *Tiene que haber alguna solución, alguna manera de arreglar esto.*

¿Y si intentara contactar con Lyzard y pedirle que se hiciera pasar por Darko? Ni siquiera sería necesario que enseñara la cara y, de todas formas mucha gente ya piensa que los dos son la misma persona…

Pero si Darko, que le conoce, que cree en su causa, ha decidido abandonarle, ¿cómo le va a apoyar Lyzard, que no sabe quién es, que nunca ha movido un solo dedo por los problemas de la Ciudad?

Piensa, Joseph, piensa.

No, recurrir a Lyzard es una idea de mierda. No funcionará.

Lo único que puede hacer es anular el concierto. Es la única manera.

Rendirse.

A no ser que…

No seré yo quien dé ese concierto. Lo harás tú.

Joseph sacude la cabeza. Vuelven a invadirle las náuseas.

No.

No puede ser.

Joseph no tiene las fuerzas necesarias.

El valor necesario.

El talento necesario.

Tus versos son mucho mejores que los míos.

No, no, no.

No.

Es peligroso.

Es una locura.

¿Y si sale mal?

¿Y si en vez de arreglar algo, lo empeora todo?

Eso es lo que la gente necesita encontrar en ese concierto, Joseph. Luz. Esperanza. Una idea que les infunda valor.

Joseph vuelve a mirarse en el espejo.

El rostro que ve reflejado en él le parece el de otra persona.

Roza la superficie del cristal con los dedos, como si quisiera traspasarlo.

No se identifica a sí mismo en los rasgos de ese chico demacrado, en los ojos enmarcados por dos profundas ojeras que lo miran desde el otro lado del cristal.

Y, a la vez, es él.

El chico insomne que tiene avispas en la cabeza.

Hormigas en los puños.

Murciélagos en la garganta.

Joseph cierra los ojos con fuerza y durante un segundo intenta imaginarse en la piel de Darko.

Y, durante un segundo, se siente bien.

Quizá podría funcionar.

Nadie sabe quién es el rapero misterioso.

Es una sombra, es una idea.

Un héroe anónimo.

Podría ser cualquiera.

Envuelto en la oscuridad de sus pensamientos, el zumbido de las avispas enmudece de repente.

Los murciélagos empiezan a chillar.

Joseph abre los ojos. Se mira al espejo.

No cree que pueda.

No se siente con fuerzas.

Pero tiene que hacerlo.

Al menos, lo va a intentar.

42.

—Es nuestra última advertencia, Sego —dice el hombre, sentado al volante del coche negro—. No podemos permitirnos llamar más la atención. Tienes que hacerte cargo de esto como sea. La situación se nos está yendo de las manos… —lo piensa mejor—. Se te ha ido de las manos.

Sego respira deprisa. Desde la ventanilla del coche, el hombre ve cómo se le agitan las aletas de la nariz. Disimuladamente, pulsa el botón del cierre centralizado y sube los cristales tintados unos centímetros.

—¿No tienes nada que decir? —insiste el hombre, en tono vehemente.

El hombre duda que Sego le esté escuchando. Tiene los ojos entrecerrados, fijos en algún punto de la pared que limita el callejón donde están en ese momento. A través de sus labios entreabiertos asoman unos dientes blanquísimos, que emiten destellos a la luz de las farolas. Al hombre casi le parece ver asomar sus colmillos afilados sobre el labio inferior, en un gesto de máxima concentración.

—Y si no, ¿qué? —pregunta por fin Sego.

—Ya lo sabes —responde el hombre—. Si no consigues silenciar a ese tal Darko, que deje de centrar la atención en nuestros… asuntos, os quedaréis solos.

Sego cierra los ojos y llena los pulmones del aire fresco de la noche. Abre y cierra mecánicamente los puños y hace crujir los nudillos.

El hombre siente el impulso de volver a subir la ventanilla unos centímetros más, pero se contiene. No quiere parecer débil.

Aunque es imposible no sentirse acobardado ante la felina presencia de Sego, en el fondo es él, su compañía, quien tiene el verdadero poder.

—Eres consciente de que ahora mismo podría estar grabándonos, ¿verdad? De que podría estar escondido en cualquier sitio, haciendo otro de sus montajes para mandárselo a la prensa —dice Sego, con esa voz ronca y grave que tanto se parece a un rugido—. Ese tipo es invisible. Es una sombra. Y la gente de la Ciudad le es fiel. No hemos conseguido que nadie le delate.

—Eso no es problema mío —responde el hombre, girando la llave de contacto y despertando el motor—. Para eso te pago a ti, Sego. Para que lo encuentres. Para que acabes con él. Y, si tú no eres capaz, tendré que pagar a otro que sí lo haga. Atente a las consecuencias.

El hombre pisa el acelerador y desaparece del callejón con un fuerte derrape.

Como si tuviera prisa.

Como si tuviera miedo.

Sego se queda solo, envuelto en una nube de humo ácido y olor a neumáticos quemados.

Levanta la vista y vuelve a mirar hacia el punto de la pared que tan atentamente observaba antes. Es uno de los carteles que anuncia el concierto de Darko.

Retrocede unos centímetros, coge carrerilla y se impulsa con toda la fuerza de sus piernas. De un zarpazo, arranca el póster y aterriza en el suelo con las rodillas dobladas y el cartel hecho una bola en la mano derecha.

Ojalá fuera tan fácil aplastar a ese tal Darko.

Esto ya no tiene nada que ver con la Compañía, con quedarse sin suministros, sin protección. Ni siquiera tiene que ver con mantener el poder en la Ciudad.

Es una cuestión personal.

Los pocos que se han atrevido a plantarle cara, han salido siempre muy mal parados. Si es que han vivido para contarlo.

Todo esto es nuevo para él, no tiene claro qué hacer a continuación. Pero hay una cosa que tiene clara: es su última oportunidad de demostrar quién manda en la Ciudad.

Sego se incorpora, con el cartel aplastado aún dentro del puño, y echa a correr por las calles de la Ciudad. La velocidad le sienta bien. El subidón de adrenalina, la tensión en los músculos, el aire frío de la noche entrando en sus pulmones y saliendo en forma de aliento cálido, el bombeo rítmico del corazón acelerado. En momentos como este se siente como un animal salvaje.

Sego corre hasta que las piernas, los pulmones, no dan más de sí y tiene que parar, doblarse sobre sí mismo, recuperar el aliento entre jadeos.

Cuando levanta la vista, está frente a una nave completamente empapelada en carteles del concierto. Sego se acerca a la puerta, pasa la mano por la superficie de chapa como quien acaricia el lomo de un animal antes de darle un latigazo.

Ese es el sitio donde va a celebrarse el concierto.

Tan frágil, tan fácil de penetrar.

Sonríe.

La carrera le ha despejado las ideas. Puede que ese tal Darko sea invisible, pero no lo será noche del concierto. Esa noche estará allí. Él y todos los que creen en él.

Ese será el lugar, ese será el momento.

Todos estarán allí para ver quién manda en la Ciudad. Para ver cómo lo aplasta.

Como la bola de papel arrugado que aprieta dentro del puño.

43.

La gente hace cola frente al gimnasio. Sus murmullos repiquetean como gotas de lluvia sobre la chapa de la nave mientras ellos terminan de prepararlo todo.

—¡No sabéis la cantidad de peña que hay fuera! —Frank escupe un chorro de lava volcánica en cuanto aparece por la puerta—. ¡He tenido que usar la entrada trasera para que no hubiera una avalancha! ¡Y todavía queda media hora para abrir!

—Exagerado… —ríe Anne, divertida.

—¡Te lo juro, Anne! ¡Es alucinante, de verdad! ¡Hay hasta cámaras de televisión!

Frank se agacha junto al precario equipo de sonido que les han prestado para la ocasión y empieza a tocar botones y cables.

—¿Y creéis que entrarán todos aquí? —pregunta M, examinando el espacio del gimnasio mientras se rasca la cabeza.

—Pues eso espero —murmura Anne.

—Igual no deberíamos tener a tanta gente esperando fuera…

Ahora la voz de M suena preocupada. Él es el más consciente de lo peligroso que es lo que están haciendo. Él, que ha asumido el riesgo que implica para su gimnasio, para él mismo, y para toda la gente que va asistir a ese concierto.

—Ya casi está, M… Cinco minutos más —pide Frank, que enchufa y desenchufa cables debajo de la mesa y revisa algunos parámetros en la pantalla de un ordenador.

Mientras tanto, en el otro extremo de la nave, Joseph finge terminar de preparar la mesa para recibir los donativos.

No quiere que nadie se dé cuenta de lo nervioso que está.

De los escalofríos que de vez en cuando le recorren la espalda.

Del sudor frío que le baña la nuca, que le empapa la frente.

Parece que las avispas le han dado una pequeña tregua, pero ahora nota un dolor sordo y constante en el centro de la cabeza, como si le estuvieran torturando con la gota china.

Es demasiado tarde para echarse atrás pero, si tuviera una máquina del tiempo, Joseph retrocedería sin dudarlo al día en que se miró al espejo y se convenció a sí mismo de que sería capaz de suplantar a Darko.

—¡Ya está! —exclama Frank, entusiasmado—. M, ya puedes abrir.

—Bien —asiente él, satisfecho—. ¿Y cuándo va a venir ese tal Darko?

Al escuchar la pregunta, a Joseph se le resbala la caja metálica que ha preparado para la recaudación.

—Joder, ¡menudo susto! —grita Frank.

—Porque ¿va a venir, verdad? —vuelve a preguntar el entrenador, mirando fijamente a Joseph.

—Sí, M, tranquilo —Anne no tiene ninguna duda de que el héroe enmascarado de la Ciudad va a presentarse—. Nos lo confirmó hace días.

—Ejem… No creo que llegue antes de que todo el mundo esté dentro —aventura Joseph.

—Ya… —M lo mira con unos ojos que resultan indescifrables.

¿Tiene dudas? ¿Sospecha algo?

Joseph no puede permitirse titubeos de última hora, así que se dirige a la puerta de la nave con decisión y empuja con fuerza para que la pesada hoja metálica se deslice sobre los raíles.

Por una vez, Frank no exageraba.

Ni lo más mínimo.

La gota china se detiene de golpe cuando una multitud que supera las expectativas de todos llena la nave de M, rodea el cuadrilátero y se agolpa por todas partes.

Entre los asistentes no solo hay gente joven. También hay gente de la edad de sus padres, también hay gente mucho mayor.

Hay periodistas, cámaras de televisión, reporteros de radio.

Todos dejan, al pasar por la mesa que Joseph ha colocado a la entrada, una pequeña aportación en la caja metálica. Lo que cada uno puede, para intentar ayudar a reconstruir la panadería de su familia, su vida. La caja va llenándose lentamente, pero la cantidad de billetes y monedas no deja de aumentar.

Joseph reconoce las caras de sus compañeros de clase, las de los chicos del gimnasio. También las de los clientes de la panadería, las de sus vecinos del bloque. Y, casi al final de la cola, Joseph distingue la sonrisa radiante de Andrew.

Acompañada de los rostros asombrados de sus padres.

Se le corta la respiración.

—Papá, mamá... —balbucea—. Sé que no queríais que... Pero, después de todos los problemas en los que os he metido... Bueno, solo quería ayudar.

A su madre le brillan los ojos. Está emocionada, aunque intente disimularlo, porque esa nave en la que ya no cabe un alfiler está llena de gente que ha ido allí para ayudarles.

Su padre, en cambio, se acerca con una expresión que Joseph no sabe cómo interpretar. Cualquier cosa dolería menos que la frialdad con la que le mira ahora. Joseph está preparado para cualquier cosa. Un grito, una bofetada, lo que sea. Por haberse arriesgado tanto, por haber vuelto a ponerles en el punto de mira. Pero, al llegar a su lado, su padre le agarra por los hombros y lo estrecha en un fuerte abrazo.

Un abrazo en el que está toda la fuerza que necesita.

Su familia se mezcla con el resto del público y busca un sitio en torno al ring, el espacio desde donde M ha previsto que Darko dé su concierto.

—¿Cerramos ya, Joseph? —le pregunta Anne cuando ve que por la puerta ya no entra nadie más.

—Sí.

Joseph tira de la hoja de la puerta. Cuando ya casi se ha cerrado por completo, una mano se cuela por la rendija y la detiene.

Una mano fina y esbelta que asoma del puño de una elegante chaqueta.

—Disculpad que llegue tan tarde —dice la Directora, dejando un par de billetes en la caja de las recaudaciones—. ¿Hay espacio todavía?

—S-sí, Directora. Por supuesto —titubea él, franqueándole la entrada.

La mujer cruza sus grandes ojos grises con los de Joseph, en una mirada cargada de significado, y el valor que le ha infundido su familia se multiplica.

—Ahora solo falta Darko… —murmura Frank.

—¿Va a venir, verdad? —oye que le pregunta Anne.

—Sí, va a venir.

Joseph da media vuelta y se mezcla entre la multitud.

Desaparece entre la gente, entre todas esas personas que han venido buscando esperanza.

Se alimenta de su entusiasmo.

Se abre camino hasta el cuadro de luces y las apaga todas, todas menos los cuatro focos que apuntan a la tarima del cuadrilátero.

Las cabezas se giran, inquietas, los murmullos se levantan, los ojos quedan deslumbrados bajo el repentino estallido de luz amarilla.

Joseph se cambia rápidamente de sudadera de camino al ring, para evitar que lo reconozcan por la ropa que llevaba antes.

Se echa la capucha sobre la cabeza.

Y sube al ring.

Todos los ojos se clavan en la silueta encapuchada que se coloca en el centro del escenario y aguarda, inmóvil, con la cabeza gacha y los hombros tensos, mientras los focos proyectan su sombra, negra y enorme, en todas direcciones.

«¡Es él!»

«¡Ha venido!»

«¿Tú le ves la cara?»

La expectación podría cortarse con un cuchillo.

La gente no se mueve, no grita.

Ni siquiera se impacienta.

Todas las respiraciones parecen una sola.

Inspiran, espiran.

Frank sabe lo que tiene que hacer y, segundos después, una base musical empieza a sonar a través de los altavoces.

—Dar-ko, Dar-ko… —al principio, solo es un murmullo apagado, pero no tarda en crecer, en ocupar todo el aire alrededor—: ¡DAR-KO! ¡DAR-KO! ¡DAR-KO!

Toma aire, respira oscuridad.

Bebe a borbotones la energía de las voces que se unen a la suya.

Y empieza a cantar.

44.

Es el mejor momento de su vida.

Las avispas no le aguijonean la mente, las hormigas ya no le pican los puños.

Ni siquiera siente los murciélagos en el estómago.

Escondo sombras que hacen formas, deformándome,
tu voz calmándome, pero mientras el odio hablándome,
que mate o muera, así es la vida...
Llámame rencoroso pero quiero que paguen por mis heridas...

Las palabras brotan como si de verdad fueran suyas.

Esta vez no siente dolor.

Esta vez, los versos se deslizan por sus labios con una soltura extrañamente familiar y vuelan libres hacia los oídos de toda la gente que lo escucha, a él, solo a él, mientras su cuerpo se mueve por la superficie del cuadrilátero como si ese fuera su auténtico elemento, como si hubiera nacido para estar ahí encima.

Escucho el eco de tu voz callada,
en silencio, gritándole a la nada,
en silencio, como recordaba...
En silencio, hasta que el silencio se apagaba.

El público se vuelve loco.

La voz de Joseph se clava en sus oídos, en sus mentes, en sus corazones.

Y la nave se estremece con la primera ovación.

Montaña de miedos, a la vida, al futuro,
me abalanzo sobre ti y así procuro
dejar al aire tu verdad, tu interior oscuro,
no eres más que miedo y vergüenza bajo ese muro…

Nunca hubiera imaginado que le resultaría tan fácil ser como él.
Su cuerpo se mueve como el suyo.
Su voz suena como la voz suya.
Tan familiar, tan natural.
Ahora, Joseph es Darko.

Nacido de la ruina, entre escombros,
conozco el suelo demasiado bien para no darlo todo,
con el peso de la esperanza en mis hombros,
impulsado a lo más alto después de tocar el fondo.

Joseph canta de memoria las canciones que ha escuchado tantas veces en la oscuridad de su habitación, que ha memorizado con cuidado, con urgencia, durante sus noches de insomnio.

Las hace suyas, las regala a los oídos hambrientos de una ciudad que necesita esperanza.

A cada canción le sigue otra, y otra, y luego otra más.

¿Lo llevo escrito en mi piel? ¿Nada es lo que puedo hacer?
Hoy te equivocas mi boca escupe en las botas de usted,
vengo a romper las reglas de tu juego, muevo mis pies,
hoy vengo a ser las grietas de tu suelo, vuelvo a caer
como un misil sobre ti, por mí y por los míos,
si ayer nací y fue aquí, amo este sitio tan frío.

Joseph no es capaz de detener el torrente de palabras que escapa de su boca, es como si las letras siempre hubieran estado ahí, dentro de él, y ya no pudiera contenerlas ni un segundo más.

Como si necesitara dejarlas escapar.

Liberarlas, liberarse.

Dejarse llevar por la música, por las voces que lo acompañan.

Por la idea de que es posible luchar por un futuro mejor.

Ellos le entregan su frustración, su impotencia.

Ellos le entregan su energía, sus ganas.

Él las apelmaza, las moldea, las transforma en un grito capaz de remover conciencias.

Y grita.

Son ratas de cloaca, entre aguas residuales,
arrastrando suciedad a nuestros hogares,
saturando de miedo nuestro ideales.
Hoy seré el insecticida que los pare.

Es un momento absolutamente mágico.

Sin embargo, la magia no dura mucho.

De pronto, la música de Joseph queda enterrada bajo un ensordecedor estruendo metálico y el morro de un coche atraviesa la chapa que cierra una de las paredes laterales.

Todas las puertas se abren a la vez y del interior del coche salen cuatro matones y una serpiente.

Viper.

La pared opuesta se abre con un chirrido cuando otro coche penetra el revestimiento de chapa y hace temblar la estructura del gimnasio.

Esta vez, del coche bajan otros cinco matones armados con cadenas y barras de hierro.

Liderados por Sego.

Ellos son solo diez frente a toda una multitud, pero van armados con cadenas y barras de metal, y la sorpresa está de su parte.

No tardan en conseguir que el pánico cunda a base de golpes y amenazas mientras el público, nervioso y asustado, se apiña en el centro de la nave para intentar protegerse.

En el gimnasio de M ahora solo se escuchan gritos.

Solo se respira miedo.

Un miedo que lo infecta todo y a todos.

Menos a uno.

No sabe por qué, pero Joseph se siente tranquilo, en calma.

Como si, de alguna forma, esperara que eso ocurriera.

Como si supiera que ese iba a ser el final.

Con paso lento y seguro, Sego camina hasta el centro del gimnasio y sube al ring, ágil como un gato.

Mira fijamente a Joseph y empieza a rodearlo, a tomarle la medida.

Abre los brazos, desafiante.

—Mira lo que has conseguido, valiente —ruge—. Has reunido a todas las ovejas que querías proteger en un solo redil. ¿Qué pretendías? ¿Inspirarlas? ¿Volverlas contra nosotros? —señala con la barra metálica hacia el público acobardado—. Míralas. Ahora que han venido los lobos, mira qué valientes son.

Joseph no se mueve.

Sego no le ha reconocido.

Ante él, sigue siendo Darko.

Y, como Darko, no siente miedo.

Solo rabia.

Los dos permanecen frente a frente un momento, bajo la luz de los focos, estudiándose.

—Espero que estés preparado para la paliza que te voy a dar. Pienso romperte todos los huesos, uno a uno, para que todos vean de qué pasta están hechos los héroes.

Joseph no dice nada. Solo ríe.

Un risa densa, oscura, provocadora.

Sego se vuelve loco. Con un gruñido gutural, se gira a toda velocidad y descarga la barra metálica contra Joseph.

El cuerpo responde solo.

Los músculos recuerdan, se tensan, esquivan.

Los puños golpean.

Y Sego se dobla sobre sí mismo cuando un puño, poderoso como una bala se estrella contra la boca de su estómago.

La barra metálica golpea el suelo.

Después, la siguen sus rodillas.

M no deja escapar la oportunidad.

Los ojos de los matones se abren de par en par cuando ven a su líder arrodillado de dolor, y se llenan de miedo cuando el entrenador reúne a unos cuantos alumnos del gimnasio y empieza a reducirlos uno a uno mientras la gente grita y vitorea a la misteriosa silueta que se alza en el centro del ring.

Anne y Frank se unen a M. Una rabia desconocida se ha apoderado de ellos. Frank va armado con una pata de la mesa de mezclas que les han dejado, que blande como si fuera un sable láser hacia los matones. Anne, de repente, se encuentra frente a Viper, y con una fuerza y una precisión que no sabe de dónde han salido, le asesta una fuerte patada en la entrepierna que le manda al suelo aullando de dolor.

Sego no da crédito. Un escalofrío recorre su espalda cuando se da cuenta de que el cazador acaba de convertirse en presa.

Un rugido enloquecido y ya está otra vez de pie. Ataca con rabia, con desesperación, con toda la violencia de un animal herido.

Joseph esquiva, espera y responde con la calma y la técnica aprendidas durante largas horas de entrenamiento, de sufrimiento.

—¡Da la cara, hijo de puta! —ruge Sego, abalanzándose sobre él—. ¿No eras tan valiente? ¡Da la cara!

Sego es muy rápido. Consigue acercarse, agarrarlo de la sudadera, aferrar con sus zarpas la tela de la capucha. Intenta desenmascararlo. Le golpea en el estómago, una, dos, tres veces.

Joseph se protege, se retuerce y lanza otro puñetazo. Sego le suelta consigue librarse de la presa de Sego y se aleja de él. Ha llegado el momento de acabar con esto.

Inspira, espira. Inspira, espira.

Sin pensarlo dos veces, Joseph se da la vuelta, franquea las cuerdas, sale del cuadrilátero de un salto. Entonces hecha a correr por el hueco que ha abierto uno de los coches.

«¡No!»

«¡No puedes irte ahora!»

«¡No nos abandones!»

«¡Casi los tenemos!»

Los murmullos se elevan en el aire, pidiéndole que se quede, que dé la cara.

Que no huya.

Pero Joseph no está huyendo.

Darko nunca huiría.

Todo forma parte de un plan perfectamente orquestado.

La trampa suprema.

El cebo definitivo.

Sego se lanza tras él en una enloquecida persecución por las calles de la Ciudad.

Joseph corre, corre, corre como guiado por una fuerza invisible.

Siente que conoce las calles de la Ciudad de memoria.

Gira en una esquina, atraviesa una avenida, su sombra yendo y viniendo a la luz de las pocas farolas que funcionan.

La oscuridad le sienta tan bien…

Sumergirse en ella es como hacerlo en un estanque de agua fresca.

Siente que flota, que fluye en la negrura.

Al abrigo de la noche, no le duele nada, nada le preocupa.

Ni siquiera las carcajadas enajenadas de Sego, que lo persigue como un leopardo, como un tigre, como una pantera.

Él también es un animal de la noche.

Un animal herido, dispuesto a dar su última dentellada.

Un animal que debe ser enjaulado.

Joseph entra en un callejón y, aunque sus movimientos parecen aleatorios, sabe perfectamente adónde se dirige.

—¿Quién eres, cabrón? ¿QUIÉN ERES? —grita Sego entre jadeos, impulsándose con toda la fuerza que le dan sus piernas.

Joseph no responde.

Corre en silencio, veloz, seguro de lo que hace.

Muy cerca de la Fábrica, donde la sombra del dragón hace que la oscuridad sea más profunda, su cuerpo le obliga a doblar la esquina, a diluirse en la negrura.

Desde allí, invisible, grita por fin su respuesta a Sego:

—Yo soy la Ciudad.

Y entonces desaparece.

Sego sale del callejón apenas un segundo después, pero se encuentra persiguiendo la nada.

Frente a él solo queda vacío.

Y unas luces blancas, rojas y azules que le ciegan.

El penetrante sonido de una sirena que le revienta los tímpanos.

El ruido que hacen los hombres y mujeres de uniforme azul que lo rodean por todas partes y le gritan que se eche al suelo.

El roce metálico de unas esposas que se cierran alrededor de sus muñecas, que inmovilizan sus zarpas.

Y un susurro oscuro y negro que resuena en sus oídos desde la negrura y dice:

—Parece que la Ciudad tiene un nuevo amo.

45.

Joseph y Anne están sentados en la cueva, escuchando el crujido que hacen las olas al arrastrarse sobre la arena de la playa.

Pero hoy ninguno de los dos mira al mar.

Tienen los ojos clavados en la oscura silueta de la Fábrica y en las grúas que la rodean.

—No puedo creer que vayan a derribarla —dice Anne.

—Yo tampoco —reconoce Joseph—. Es como si fueran a arrancarle el corazón a la Ciudad.

—Bueno, míralo más bien como un trasplante —ríe ella—. Ese corazón ya estaba podrido. Y dentro de nada vamos a tener uno nuevo, uno que va a bombear sangre.

—¿Ya es oficial?

—Sí —confirma Anne, con una sonrisa—. La apertura de la nueva Fábrica está planeada para dentro de seis meses.

—Y todo gracias a Sego —comenta Joseph, incrédulo—. Quién iba a decir que al final iba a hacer algo bueno por la Ciudad…

—¿Por la Ciudad? —resopla Anne—. Lo único que ha hecho ha sido echarle la culpa a la Compañía. Si ha empezado a dar nombres, apellidos y demás, es porque quería salvar su asqueroso culo.

—Espero que la nueva Compañía no sea igual… —comenta Joseph.

—Frank dice que no tiene nada que ver, que ha rastreado todo su historial en Internet, que esta Compañía es mucho más limpia… Ya sabes cómo es —ríe Anne—. Yo tengo esperanza. Las obras de reconstrucción empezarán pronto, y ya están contratando obreros. Por lo visto, hasta que el nuevo edificio esté listo, van a trabajar en unas instalaciones provisionales. Mi padre firma hoy el contrato.

Joseph se llena los pulmones de aire salado y los vacía con una ráfaga de cálido alivio.

—¿Todavía te duele la cabeza? —le dice Anne cuando se da cuenta de que Joseph tiene los ojos cerrados.

—No —contesta él, frotándose las sienes—. No he vuelto a tener migrañas desde el concierto de Darko.

—Él sí que ha dejado un vacío enorme —dice Anne, desviando la vista para mirar al mar, para mirarlo a él.

—Bueno, consiguió lo que se proponía. Gracias a eso mis padres van a poder reconstruir su panadería y la Ciudad se ha deshecho de las bandas y de la Compañía. Van a abrir una nueva Fábrica. Tú te quedas. Las cosas han cambiado a mejor.

Pero sus palabras están cargadas de amargura.

—Pareces enfadado con él —dice Anne—. Pensaba que le estabas agradecido…

—Y lo estoy, pero…

Joseph no sabe cómo explicarlo.

Gracias a Darko, las cosas han cambiado.

No solo para la Ciudad, también para él. Darko le ayudó a darse cuenta de todo lo que era capaz.

Ya no tiene miedo.

No siente vergüenza.

Ha podido hacer cosas de las que nunca se hubiera sentido capaz.

Y, aun así, no puede evitar sentir que le falta algo.

Porque, después de todo, Darko le debía una despedida.

O quizá es porque, aunque lo único que hizo fue dar la última pincelada al cuadro que Darko llevaba mucho tiempo pintando, a Joseph le gustaría que alguien reconociera lo que hizo.

—¿Pero? —insiste ella.

—¿Sabes que me llamó?

—¿Darko? ¡Guau! —lo mira expectante, con los ojos como platos—. ¿En serio? ¿Cuándo?

—El día que estábamos en casa de Frank, cuando pasó todo lo de la megafonía. Bueno, en realidad llamó al teléfono de Frank, pero yo lo escuché cuando estaba en el baño y…

—Pero eso no puede ser… —se extraña ella.

—Ya, lo siento. No lo pensé. Estaba sonando y lo cogí, no sé por qué…

—No, Joseph, no puede ser —Anne ahora parece asustada—. El móvil de Frank no funciona desde que Viper se lo reventó aquel día, en el control del instituto…

Joseph se queda pálido.

Se le olvida respirar.

Siente como si el suelo de la cueva se tambaleara bajo sus pies.

—Te estabas quedando conmigo, ¿verdad? —la voz de Anne suena distante, se pierde en el rugido de las olas.

No puede ser.

Sin pensar lo que está haciendo, coge entre las suyas la mano de Anne.

Como si, de repente, todo hubiera cobrado sentido.

Como si la última pieza del puzle acabara de encajar.